J. C. W. Borchardt
Das Training

Gewidmet meiner großen Liebe
und meiner Mutter, die beide meine Liebe zum BB nicht teilen
UND
all den anderen Verrückten, *die genauso bekloppt sind wie ich!*

J. C. W. Borchardt

Das Training

Ein Buch für Bodybuilder, Powerlifter und den interessierten Sportler

Bibliografische Information der Deutschen Nationalbibliothek

Die Deutsche Nationalbibliothek verzeichnet diese Publikation in der Deutschen Nationalbibliografie; detaillierte bibliografische Daten sind im Internet über dnb.d-nb.de abrufbar.

Impressum:
© 2009 Jerome Borchardt
Herstellung und Verlag: Books on Demand GmbH, Norderstedt

ISBN: 9783837097153

Inhaltsverzeichnis

Vorwort	-9
Zweites Vorwort	-11

Grundsätzliches
- Lebensführung   -15
- Sicherheit   -19
- Zeitplanung   -21
- Was man erwarten kann   -25
- Teenagertraining   -27
- Übungsausführung   -29
- TUT   -31
- Intensität   -33
- Alternatives Training   -35
- Splittraining   -37
- Das Internet   -41

Das Einsatztraining   -45
- Grundlagen   -47
- Die Wissenschaft   -49
- Das Colorado-Experiment   -51
- Arthur Jones   -55
- Elington Darden   -57
- Big Jims Fastgrowth-Shoker   -59
- Mike Mentzer   -61
- Vorermüdungstraining I   -65
- Doggrapp   -69
- Pitt-Force   -71
- Ultra Kurz   -75
- Mein Mambo-Jambo I   -77

Das Mehrsatz Training   -81
- Grundlagen   -83
- Wissenschaft   -85
- Pyramidenprinzip   -87

- „Wellenreiten"   -89
- Charles Poliquin   -91
- Chad Waterbury   -95
- Charles Staley   -97
- 5 X 5=25   -101
- 3 X 3   -105
- 10 X 10   -107
- Vorermüdungstraining II   -109
- Powerlifting   -113
- Die „Westside-Methode"   -115
- 3 X 3 II   -119
- Doug Hepburn   -123

Verrücktes Training und Spezialtechniken
- Verrückt ist relativ   -129
- „Super Squats" (und Peary Rader)   -131
- Die Tabata-Methode   -137
- Teilwiederholungen   -139
- Power Faktor Training   -143
- X-Reps   -147
- POF-Training   -149
- Abladen   -153
- Rest-Pause   -155
- Negatives Training   -157
- Negativ akzentuiert   -161
- Statisch-Negatives Training   -163
- Ultra Slow Motion   -165
- Der „Hungarian Oak" - Beinblaster   -167
- Der 300 oder Leonidas-Plan   -169
- Super, Tri- und Megasätze   -171
- Tricks und Kniffe   -175
- Mein Mambo-Jambo II   -179

Training für Tiere und Monster
- Knasttraining   -185
- Jimmy „IronBull" Palechia´s Powerblast   -187
- Vorschlaghammer und Sandsäcke   -191

„Querbeet"
- Periodisierung -197
- Sinnvolle Supplements -203
- Doping?!? -207

Vorwort

DAS Training.
Wow. Die Lösung aller meiner Probleme. Trainingsbezogener Probleme...
Tja, liebe Gemeinde, bereitet Euch auf den Schock Eures Lebens vor.
Denn, meine Schäfchen, leider gibt es das nicht.
Sorry.
Aber es gibt nicht das eine, das alle glücklich machende Training.

Um einen der Propheten, Charles Staley, zu zitieren:
„Das beste Programm, ist jenes auf dem Sie gerade nicht sind."

Nun liebe Gemeinde, was will uns der Prophet uns damit sagen? Suchen wir Erklärung bei einem der anderen Propheten: Charles Poliquin. Er sagte einst, jeder Trainingsplan hält maximal sechs Trainingseinheiten lang. Als Gebote des Wandels, nennt er uns Variablen, wie Zahl der Sätze, Übungsvariationen, Wiederholungstempo und Wiederholungszahlen.
Einer der Propheten predigt hohe Satzzahlen mit niedrigen, schnellen Wiederholungen.
Sein Name lautet: Louie Simmons.
Seine Gebote sind hilfreich. Für den Powerlifter mögen sie stets wahr sein, jedoch der Bodybuilder hat hiervon nur zeitweilig etwas.
Die Propheten, der Einsatz-ist-genug-Schule, haben bewiesen, das auch Ihre Gebote, auf dem Wege zum Glück hilfreich sind. Jedoch sind sie uneinig darüber, ob man den Körper in jedem Training komplett trainieren soll, oder lieber über mehrere Trainingseinheiten verteilt.
Und es wird noch verzweigter.

Meine geliebte Gemeinde, ich, der geringste unter Euch, bin kein Prophet.
Diese Gnade ließ mir der Eisengott nicht zuteil werden. Und doch schenkte er mir eine Ahnung.
Damit ich Euch helfe, aus Eurer Verwirrung zu erwachen, Euch den

Weg zum Eisen-Himmel zeigen kann.
Er stellt mich hier vor eine schier unlösbare Aufgabe.
Doch das oberste Gebot des Eisernen Gottes lautet: Widerstände machen stark. Je größer die Widerstände sind, die Du überwindest, desto stärker wirst Du, Gläubiger.
Sind wir nicht alle Gläubige, Brüder im Glauben, die wir unserem Gott regelmäßig in seinen Tempeln unseren Schweiß opfern?
So laßt mich Euch helfen, Eure Gottesdienste in seinem Sinne zu zelebrieren.

Amen.

Zweites Vorwort

Hmm, ein zweites Vorwort? Will der uns noch mehr vollsabbeln? Nö.
Hier geht es um eine Abgrenzung. Also: Der Autor (moi!) erhebt keinerlei Anspruch auf Vollständigkeit. Ich habe keine medizinische Ausbildung, kann also auch keine Garantie für die medizinische Richtigkeit meiner Angaben geben.
Auch bin ich kein Wissenschaftler, so das die Angaben über wissenschaftliche Studien, nur auf meinem Lesekonsum basieren. Es ist somit durchaus möglich, das ich Zusammenhänge falsch interpretiere.
Eine Trainerlizenz zu erwerben, ist mir bisher auch unnötig erschienen, dementsprechend kann ich mich auch nicht „Diplom-Trainer" nennen.
Es ist deshalb am Leser, über Sinn und Unsinn des Geschriebenen zu entscheiden und auf den Rat medizinischer Fachleute zurückzugreifen.
Mein Labor ist mein Körper und das Fitnessstudio. Ich bin meine Versuchsratte (und die zwei Verrückten, die sich hin und wieder von mir quälen lassen).
Kurz gesagt: Was ich hier abliefere, ist eine Zusammenfassung all der Publikationen, der Artikel anerkannter Trainer, Kraftathleten, Sportfachliteratur... und meiner Selbstversuche.
Es ist mir unmöglich, für meine Angaben zu garantieren.

Ich lehne jede Verantwortung für Schäden ab, die dem Leser eventuell entstehen könnten, wenn er die in diesem Buch gemachten Angaben befolgt.

Und hier noch etwas:
Liebe Leser, ich bin bequem und mache mir ungern mehr Arbeit als notwendig. Deshalb erspare ich mir jeglichen Literaturhinweis. Für viele Daten, die in meinem Kopf gespeichert sind, wäre ich dazu auch nicht mehr in der Lage, da ich die entsprechenden Texte schon längst entsorgt habe. Warum soll ich Platz zur Aufbewahrung von Texten verschwenden, deren Extrakt mir bekannt ist?

Schließlich hatte ich ursprünglich nicht angenommen, ein Buch zu meinem **_Hobby_** zu schreiben.

Grundsätzliches

Lebensführung

Zuallererst muß ich mich für meine Sprache entschuldigen.
Was ich hier äußere, ist nur meine Meinung, die ich zur Verdeutlichung gerne so drastisch und derb anlege als möglich.
Wer das nicht mag, sorry, ich möchte niemanden beleidigen, aber mir ist meine Zeit zu schade um es freundlicher zu formulieren. Derbe Sprache ist intensiver.
Man könnte auch sagen (nur so zur Einstimmung), wem´s nicht passt:
FUCK OFF & DIE!

Das allerwichtigste zusammengefasst:
Führt ein normales Leben!
Habt Spaß.
Sucht Euch, nach Möglichkeit, einen Job, der Euch Freude macht und ausfüllt.
Kümmert Euch um Eure Freunde und die Familie.
Nehmt Schule und Studium ernst.
Achtet auf das „rechte Maß", die Balance.
Freut Euch über das Leben. Bis zum Beweis des Gegenteils: Es ist Euer einziges!

Und wenn Ihr dann trainieren geht: Bewegt Euren Arsch! Gebt alles!
Das Leben ist zu kurz und wertvoll, um mit unnützem, unproduktiven Trainingseinheiten verschwendet zu werden! Ich nenne dieses, häufig mit „Workout" betitelte Training „Halbarsch".
Wenn ich ins Studio gehe, gehe ich arbeiten. Nein, das reicht nicht: Ich ziehe in den Krieg! Ein Duell zwischen mir und dem Gewicht, ein Kampf auf Leben und Tod!

Denn darum geht's hier: Produktives Training.
Das bedeutet Blut, Schweiß und Tränen. Schmerzen und Gewalt und Aggression und Brutalität.
Einen guten Hinweis geben die Titel mancher Trainingsbücher und Prinzipien:

Dorian Yates: Blood & Guts (Blut und Magen/Eier)
Mike Mentzer: Heavy Duty (Schwere Arbeit/Schwerstarbeit)
Jimmy Pallechia: Powerblast (Kraftexplosion)

Die Liste ließe sich fortführen. Denn Training, das wirklich etwas bringt, bedeutet immer vollen Einsatz, ist nun einmal definitiv absolut Macho (wie der Fight-Club), bedeutet „Eier in der Hose" zu haben.
Es gibt z.B.: nix blöderes als Rosa im Trainingsraum. 15 Sekunden auf Rosa geschaut oder nur daran gedacht und, BAMM, man ist 10% schwächer. Das gilt für alle Pastellfarben.
Heavymetal (die Musik) oder aggressiver Hardcoretechno ist dementsprechend die richtige Musik. Ich habe Frauen beobachtet, die mehr Eier hatten, als mancher Kerl.

Und keine Angst: Niemand verwandelt sich dadurch in ein Menschenfleisch fressendes und Frauen verprügelndes Arschloch. Es sind die halbarsch-Trainierenden, die „Workouter" die sich nicht benehmen können. Das sind die, die auf dünnen Beinen breitbeinig gehen, die Arme in „Rasierklingenhaltung".
Habt Ihr schon mal echte Bodybuilder, Powerlifter oder gute Kampfsportler beobachtet? Die gehen so normal, als es ihnen möglich ist. Sie kleiden sich so normal, als möglich. Oft erkennt man nur so ungefähr an den Ausbuchtungen, der aufrechten Haltung, wen man da vor sich hat. Und das oft auch nur mit geübten Blick!

Wer ernstzunehmend trainiert, der ist nach einer Stunde alle Aggressionen los, ist verhältnismäßig ausgeglichen und nicht eine dieser lächerlichen Witzfiguren, deren Leben soweit aus dem Gleichgewicht ist, das sie unbedingt wollen, das jeder sieht, das sie trainieren und die sich an den unpassendsten Orten beweisen müßen.

Was mich zur Balance bringt: Das Training sollte integraler Bestandteil sein ABER nicht die Hauptsache, über die man sich definiert.
Man trainiert. Man weiß, was man leisten kann. Punkt.
Laßt niemals Eure Freunde oder Verwandten hängen, nur weil Ihr trainieren müßt. Stoßt deswegen nie, wirklich nie, jemanden der

Euch wichtig ist vor den Kopf.
Wenn Ihr dann halt mal nicht trainieren könnt: Who, the fuck, cares? Das nächste Mal seid Ihr stärker, denn Euer Leben funktioniert dann noch.
Der Job ist auch wichtiger, denn Ihr verbringt dort mehr Eurer wertvollen Lebenszeit, als im Sport.

Also, wenn der Sport Euch so beherrscht, das alles andere nebensächlich wird, das er Euer einziger Spaß ist, Ihr nur noch vor dem Spiegel steht, unkontrollierbar seid, Eure Beziehung leidet, dann seid Ihr ein Fall für den Psycho! Dann wird's Zeit Eure Prioritäten zu überprüfen, Eure Perspektive gerade zu rücken.
Erst kommt das Leben, dann der der Sport.

Wenn es Euer Ziel ist z.B. so stark als möglich zu werden und Ihr seid noch jung, bleibt mir nur den Ironbull zu zitieren:
„Get a job, kiddy"
Möbelträger, Be- und Entlader, Bau, usw. Wer sowas arbeitet, wenn er jung ist wird stärker, als jeder „Aktenschieber", egal wie hart der trainieren mag.
Wenn Ihr dann Mitte/Ende 20 seid, könnt Ihr einen qualifizierteren Job annehmen. Die Grundlagen sind gelegt. Besser als durch, egal welchen, Trainingsaufwand und, egal welche, Dopingmittel.

Also, lebt, liebt, habt Spaß, arbeitet und dann... trainiert.

Keep on Pumpin´.

Sicherheit

Ein wichtiges Thema, das ich hier trotzdem nur kurz abhandeln will.
Wenn man häufig den Bettpartner wechselt, benutzt man Kondome.
Sollte man jedenfalls, es gibt noch mehr unschöne Krankheiten als Aids.
Man legt den Gurt beim Autofahren an, usw.
Warum gibt es dann so viele Hirnis, die mit unsicherem Gerät trainieren?
Oder alleine Bankdrücken machen, ohne das es die Möglichkeit gibt die Handel unten abzulegen, wenn man es nicht mehr packt?
Egal welche Härte wir im Studio beweisen, wir geben unser Hirn doch nicht am Eingang ab.
Bei viel zu vielen könnte man das jedoch glauben.

Geräte sollten nicht wackeln, Kabel an Seilzuggeräten, nicht zerfasert oder zersplissen sein. Die Verschlüsse an Kurzhandeln sollten sicher und fest sein. Keinesfalls sollten sie wackeln, bevor man sich ein Gewicht übers Gesicht hält. Sollten Sie dies trotzdem tun, ich kann Ihnen einen guten Zahnarzt und einen Gesichtschirurgen nennen ...
Wenn man Kniebeugen oder Bankdrücken ausführt, dann nur mit Helfern oder mit der Möglichkeit, das Gewicht am tiefsten Punkt sicher abzulegen.
Sollte man doch gezwungen sein, diese Übungen alleine und ohne Ablagen auszuführen, beendet man halt jeden Satz, wenn noch zwei Wiederholungen im Tank sind. Where is the fucking problem?
Es ist doch wirklich leicht, diese wenigen Sicherheitsmaßnahmen zu beherzigen.

Und nicht zu vergessen:
Sie sollten medizinisch abklären lassen, ob da bei Ihnen evtl. was gegen brutalstes Training spricht. Nicht das Sie gut trainieren und man anschließend auf Ihrem Grabstein lesen kann: „Er hat mordsmäßig trainiert".
Gute Sportler leben zumindest lang genug um eben gut zu werden.

Ein toter Athlet kann nur schlecht gut werden!

Kurze Zusammenfassung:
Sie sollten Gesund sein.
Sie sollten stabiles, sicheres Gerät benutzen.
Sie sollten bei Kniebeugen und Bankdrücken reichliche Sicherheitsmaßnahmen treffen.

Ansonsten ist Ihnen auch nicht mehr zu helfen.

Zeitplanung

Schon im Kapitel „Lebensführung" habe ich ja bereits ganz sanft darauf hingewiesen, das sich das Leben nicht um das Training zentrieren darf.
Nun, was heißt das in der Praxis?
Ganz einfach, das es nur einen kleinen Teil Ihrer Freizeit beanspruchen darf.
Und was soll das nun heißen?
Also, wenn Sie reiner Freizeitathlet sind, sollte Ihr Training nie mehr als vier, in seltenen Phasen auch mal viereinhalb Stunden je Woche in Anspruch nehmen. Einen guten Körper mit guter Leistungsfähigkeit erreichen Sie schon mit zweieinhalb Stunden pro Woche.
Wenn Sie da noch die Zeit zum Duschen, umkleiden, Hin- und Rückweg addieren, sind Sie schon mit zweieinhalbstündigem Trainingspensum bei min. fünf Stunden die Woche.
Muß ich da erst erklären, was das bei sechs oder mehr Stunden reiner Trainingszeit bedeutet?
Wissen Sie so wenig mit sich anzufangen?

Nun, für wettkampforientierte Powerlifter und Bodybuilder sieht das Bild etwas anders aus. Aber auch hier gilt, das mehr als fünf, in seltenen Phasen mal sechs Stunden völlig nutzlos verschwendete Zeit sind.

Wissenschaftlich ergibt sich die Notwendigkeit Trainingseinheiten kurz zu halten aus folgenden Gründen:

HGH:
Ja wohl, meine Lieben. Das gute alte Wachstumshormon.
Es ist meines Wissens noch nicht endgültig geklärt, ab welcher Trainingsdauer dieses anabole Gold ausgeschüttet wird. Schätzungen liegen bei 15 Minuten.
Ab wann die Konzentration in unserem Blut wieder absinkt, heißt folglich die wichtigere Frage. Nach 45 Minuten beginnt, der anfangs stark erhöhte Blutspiegel abzusinken. Nach mehr als 60, max. 90 Mi-

nuten, sinkt er UNTER die normale Blutkonzentration.
So habe ich die Literatur bisher verstanden.

Testosteron:
Die (Sport-)Wissenschaft und die meisten Trainer, sind der Meinung, das die maximale Konzentration unserer natürlichen Anabolika nach 15 bis 30 Minuten im Blut zu finden ist. Nach 60 Minuten beginnt diese, sich zu normalisieren. Genauer, sie rast im Eilzugtempo auf normal. Nach 120 Minuten, sinkt sie sogar dauerhaft, also über mehrere Stunden (bis hin zu Tagen) UNTER den Normalwert.
Was das für den Leistungsorientierten Sportler, der sich mehr Muskeln wünscht bedeutet, braucht hier keine weitere Erläuterung.

Serotonin:
Unser natürlicher Glücklichmacher. Es gab mal eine Studie, die zeigte, das unter allen Leistungssportlern die Gewichtheber, die beste Schachspieler sind.
Hähhh???
Also, reines Krafttraining nennt man auch Training der intramuskulären Koordination. Was wiederum mit Nerven und somit unserer zentralen Recheneinheit, auch Hirn genannt, zu tun hat.
AHAAA???
Einfach gesagt, das Bewegen von Gewicht durch Muskeln wird von den Nerven gesteuert. Diese verbrauchen dafür einen Botenstoff in großen Mengen.
Dieser heißt...Serotonin.
Es werden noch andere Nerven-Botenstoffe verbraucht, aber das wird mir zu kompliziert zu erklären.
Jetzt wird auch klar, warum Depression zu den Symptomen des Übertrainings zählt. Wenn sie übertrainiert sind, brennt als erstes Ihr Zentrales Nervensystem (CNS), also Ihr Gehirn, aus. Man spricht auch vom Burnout.
Es ist wohl klar, das wir es vermeiden sollten uns in ein Burnout hinein zu trainieren. Ein weiterer Grund das Training kurz zu halten.

In der Zusammenfassung:
Wenn sie nach 45 bis 60 Minuten harten Trainings die Dusche aufs

Ehen, können Sie hoffen, eine Maximale Konzentration Ihrer natürlichen Dopingmittel im Blut zu haben. Und das über mehrere Stunden hinweg. Das wird mehr Muskeln auf Ihr Skelett packen, mehr Kraftzuwachs ermöglichen, als weiter unnütz Zeit mit nutzlosen Sätzen zu vertrödeln.

Noch ein Wort für die Leserinnen: Tut mir leid, meine verehrten Damen, aber da weiß ich leider gar nichts. Mir ist bisher noch nie Literatur über die trainingsbedingte Blutkonzentration anaboler Faktoren bei Frauen zwischen die Finger geraten. Ich vermute, das da einfach zu wenig geforscht wird. Allerdings sprechen empirische Erfahrungen dafür, das auch Frauen positiv(-er) auf kurze Trainingseinheiten ansprechen. Außerdem hat auch der Tag einer Frau nur 24 Stunden, und die meisten Damen in meinem Bekanntenkreis haben mehr zu schultern, als wir Männer.

Was man erwarten kann

Tja, gute Frage, nächste Frage.
Also im Ernst, was man erwarten kann, ist von sehr, sehr vielen Faktoren abhängig.
Die Faktoren heißen z.B.: Was ist Ihr Trainingsziel?, Welche genetischen Grundlagen bringen Sie mit?, Welchen Einsatz bringen Sie?, Wie ernähren Sie sich?, Wie alt sind Sie?, Wo stehen Sie in Ihrem Training jetzt? Usw.

Sie sehen, es ist äußerst schwierig, zu prognostizieren, was Ihnen das Training einbringt. Im speziellen, was es Ihnen bringt, wenn Sie die verschiedenen hier im Buch beschriebenen Systeme ausprobieren ist eher schwer zu sagen.
Aber eins ist sicher: Es wird wieder spannend. Sie probieren was neues, tun etwas, was 90% der Trainierenden nicht tun. 90% der Trainierenden kommen irgendwann nicht mehr weiter. Anstatt dann was neues, ungewohntes auszuprobieren, langweilen sich die Meisten lieber weiter mit den selben alten Programmen und jammern über Ihre ausbleibenden Erfolge.
Leute, spült mal Euer Gehirn durch! Probiert neues! Langeweile im Training ist der Untergang!
Wann hatten Sie das letzte mal Bauchkrippeln (ähnlich den bekannten Schmetterlingen im Bauch), wenn Sie zum Training gehen? Lang ist's her?
Ja, dann wechseln Sie endlich Ihren Trainingsplan.
Damit meine ich nicht nur den Wechsel einzelner Übungen, nein – tauschen Sie das komplette System. Sobald Sie Unlust fühlen, oder gar Angst, ist es Zeit was zu ändern. Also ändern Sie.

Sie können erwarten, das das Training weniger langweilig ist.
Sie können erwarten, das sich Ihr Körper anpasst.
Sie können erwarten, am Ende der Reise ein Anderer zu sein, wenn Sie mehr variieren.

Haben Sie Mut, probieren Sie was neues (nicht nur im Studio) und es

wird sich auf jeden Fall etwas ändern.
Das können Sie erwarten!

PS: Was Sie auch erwarten können ist zu...schrumpfen! Ja wohl, Sie werden kleiner. Es ist ein medizinisches Faktum, das wir Menschen dank des aufrechten Ganges im Verlauf unseres Lebens einige Zentimeter an Körperlänge einbüßen.
Ein weiterer Fakt ist, das sämtliche Gewichtheber am Ende Ihrer Karriere kürzere bzw. flachere Lendenwirbel aufweisen. Dafür sind diese Wirbel im Umfang größer. Die Knochenqualität ist unverändert. Es spricht also einiges dafür das schweres Heben und Überkopftraining die Wirbel verdickt aber auch verkürzt. Das dürfte jeden ernstzunehmend Trainierenden betreffen. Zwei bis drei Zentimeter Körperlänge kann das schon kosten.
Aber bedenken Sie auch was hartes Training positives für Ihre Haltung tun kann und wie beeindruckend sich Ihre Figur entwickeln kann.
Ich denke, das gleicht den Längenverlust aus.
Übrigens schrumpfen oben genannte Gewichtheber, in späteren Lebensjahren nicht mehr so stark wie Otto Normal.

Teenagertraining

In letzter Zeit beobachte ich wieder eine hohe Menge an Teenagern, so ab 16, die die Studios fluten.
Da ist nichts gegen einzuwenden.
Nur leider wissen diese Kiddies nicht wirklich, was sie da machen.
Deshalb wende ich mich jetzt mal direkt an Euch.
Laßt Euch die Übungen von möglichst alten und dabei immer noch starken Leuten zeigen. Wenn ein alter Sack von 40+ immer noch eine Übung mit schwerem Gewicht bewältigt, heißt das normalerweise, das er weiß, wie man diese verletzungsfrei ausführt. Und laßt Euch die Übungen nach Möglichkeit von qualifizierten Trainern zeigen.
Weder der alte Sack noch der gute Trainer sind unbedingt die Leute mit den dicksten Armen.
Dicke Arme sind KEINE Qualifizierung!

Außerdem ist dazu zu raten, das Ihr vor allem die Technik trainiert.
Sogar Profis haben oft eine grauenhafte Technik.
In der Praxis heißt das, vernünftige und z.T. leichte Gewichte.
Vergesst, was ich über Intensität schreibe. Ihr braucht sie nicht, ja, für Euch kann diese sogar schädlich sein.
Macht einfach höhere Wiederholungen sechs bis 20. Laßt immer noch ein paar Wiederholungen im Tank. Beendet jeden Satz, wenn Euch noch wenigstens zwei möglich wären.
Alles andere ist völlig unnötig. Euer Körper ist so oder so überschwemmt von Muskelaufbauenden Substanzen. Daher die Pickel, der Stimmbruch und die Regung gewisser tiefer gelegener Körperglieder. Ein Teenager muß nur regelmäßig trainieren, ordentlich essen und schon wachsen die Muckis. Ist so.
Wenn Ihr dagegen meint, unbedingt mit zu schweren Gewichten trainieren zu müßen (alles wo Ihr Hilfe braucht, ist zu schwer), lauft Ihr Gefahr Euch Schaden zuzufügen. Es gilt zwar inzwischen als wissenschaftlich überholt, aber früher glaubten alle Ärzte (und die meisten glauben das heute noch), das zu schweres Training das Längenwachstum stört. Ich glaube das auch. Zum Thema Größe findet Ihr noch was interessantes im Kapitel „Was man erwarten kann".

Zu gut deutsch: Ihr riskiert nicht mehr größer zu werden. Sind ein paar Kilo mehr auf der Hantel, dieses Risiko wert?

Ferner glaube ich das Sehnen und Bänder noch nicht genügend ausgereift sind. Vor allem die Gelenkknorpel sind, glaube ich, dem noch nicht gewachsen. Was einen zu hohen und zu frühen Verschleiß der Gelenke bedeuten würde.
Was nutzen Euch schwere Gewichte, die Ihr mit 17 hebt, wenn Ihr mit 22 keinen Schritt mehr ohne Knieschmerzen machen könnt?

Zusammengefasst:
Befolgt ruhig einige der von mir angeratenen Trainingspläne. Beachtet dabei, was ich über das Gewicht, die Technik und die Wiederholungszahl schrieb und schon seid Ihr auf dem richtigen Weg.
Laßt die Finger von folgenden Trainingsplänen: Doggrab, Pitt, Negativtraining, Jimmy „IronBull" Palechia's Powerblast.
Das habt Ihr noch gar nicht nötig. Ihr würdet damit weder stärker noch muskulöser, eher das Gegenteil.

Besonders ratsam sind Charles Staley und Chad Waterbury. Ich wäre froh, hätte ich das selbst mit 16 gewusst...

Übungsausführung

Jaaa, klaaar, ich lieeebe dieses Thema (würg!).
Aber was man da so im Studio zu sehen bekommt, ja, was manche Trainer für einen Müll absondern, ist schon zum heulen. Was man da sieht und, bedauerlicherweise, nicht umhin kommt, mitzuhören, reicht mitunter alleine, um die nötige Aggression fürs Training zu produzieren. Du lieber....
Grundsätzlich bin ich kein Verfechter der Lehrbuchtechnik. Niemand muß lehrbuchmäßige Ausführung der Übungen zeigen. Aber abwechselnde Curls sollten wie solche aussehen und NICHT WIE EIN SPASTISCHER PINGUIN MIT ASTHMAANFALL!!!
Nichts ist gegen leichte Abwandlungen der Übungen zu sagen, ich befürworte dies sogar. Sie müßen die Übungen meist abwandeln, damit es sich in den Gelenken besser anfühlt. Lehrbuchmäßige Übungsausführung hat schon ähnlich viele Gelenkschmerzen produziert, wie jene seltsamen Verrenkungen und Abfälschungen, die man überall zu sehen kriegt.
Also, den Übungsablauf soweit als möglich korrekt ausführen und nur soweit verändern als es die Gelenke nötig machen. Aber nicht diese nicht mehr wieder zu erkennenden Abfälschungen, die nur der Selbstbefriedigung des Ego dienen, weil man dann mehr Gewicht packt.
Wer das beim Gewichtheben oder Powerlifting macht, wird gerne mal disqualifiziert. Und über den Zustand der Gelenke mag man noch nicht mal spekulieren...
Natürlich setzt das voraus, das man überhaupt weiß, wie die korrekte Ausführung aussieht. Nun, dafür gibt es Trainer... Naja, vielleicht auch nicht....

Arnold Schwarzeneggers große Bodybuilding Enzyklopädie ist ein recht guter Ansatz. Außerdem gibt's da noch gute Adressen im WWW. Allerdings sollte man zumindest rudimentäre Englischkenntnisse haben.

Nochmal die Kurzversion: Niemals die Übung völlig verändern, um mehr Gewicht zu bewegen! Besser superkorrekte Übungsausführung.

TUT = Time Under Tension

Oh, was ist den das?
Die Leser, die mehr mit der amerikanischen Fachjournalie vertraut sind, müssen abgewatscht werden, wenn sie diese Variable der Trainingssteuerung noch nicht war genommen haben.
Aber natürlich wissen Sie alle, meine lieben Leser, was ich meine.
Wie? Doch nicht?
Hmm, na gut, fangen wir ganz am Anfang an.
Time under tension wird in Amiland gerne mit TUT abgekürzt. Grob könnte man es mit „Zeit unter Spannung" übersetzen. Oder mit „Zeit unter Last".
Damit ist eigentlich alles gesagt, aber lieber erkläre ich es noch ein wenig genauer.
Also Charles Poliquin machte das Konzept der Trainingssteuerung durch Veränderungen im Ausführungstempo der EINZELNEN Wiederholung Mitte der 90´er Jahre einem breiten Bodybuildingpublikum zugänglich. Seit her ist es in vielen Publikationen üblich, bei Trainingsplänen das Wiederholungstempo anzugeben.
Zumeist wird das Tempo mit drei Zahlen angegeben. Jede Zahl steht für Sekunden die dieser Teil der Bewegung dauern soll.
Z.B.: Kniebeuge 1 X 20 4/1/3
Also, hier führen Sie einen Satz Kniebeugen mit 20 Wiederholungen aus. Es soll vier Sekunden dauern bis Sie unten sind. In der Tiefsten Position verharren Sie eine Sekunde. Um wieder hoch zu kommen sollen Sie drei Sekunden brauchen.
Inzwischen gibt es immer öfter Angaben zur TUT mit vier Variablen.
Bei unserem Beispiel würde das dann so aussehen: 4/1/3/2
Die „2" steht in diesem Beispiel dafür, wie lange Sie in der obersten Position verharren sollen, also knapp unterhalb der Kniestreckung.
Sie strecken doch nie die Knie durch, oder?
Dann lassen Sie es sofort sein. Sie nehmen sich die Hälfte des Vergnügens(?!?) sowie der positiven Effekte und Sie ruinieren Ihre Gelenke.

Nun, es gibt hier sehr verschiedene Variationen. Ein gutes Tempo für reinen Masseaufbau ist z.B. 4/1/4/2, während ein reines Krafttempo eher so aussieht 2-3/1/X/X. Das X steht für so schnell als möglich. Die Anzahl der Wiederholungen bestimmt das Tempo. Was weiterer Erklärungen bedarf.

Sämtliche besseren Krafttrainingsexperten sind sich hierin einig: Sätze für maximale Kraftentwicklung sollen nicht länger als 20 Sekunden dauern. Nehmen wir das Tempo 3/1/X/X können wir den Satz nach vier bis fünf Wiederholungen beenden.

Ein Satz für maximalen Masseaufbau sollte ca. 35-60 Sekunden dauern. Wobei hier etwas Uneinigkeit herrscht. Manche geben Satzlängen mit bis zu 75 Sekunden an. Einigkeit herrscht wiederum darin, das für den Masseaufbau, min. 60% aller Sätze um 40-45 Sekunden liegen sollten. Mit dem Tempo 4/1/4/2 heißt das fünf Wiederholungen, mit dem Tempo 3/1/X/X wären es 8-10 Wiederholungen.

Interessant ist, das Einigkeit darüber herrscht das die vorderen Oberschenkel, für Masse besser die doppelte Zeit belastest werden sollen. Das Bedeutet Sätze von 1,5 bis 2 Minuten!
Der Beinbizeps spricht hingegen besser auf Sätze von 30 Sekunden an.

Alle Sätze über 75 Sekunden Dauer beim Oberkörper und über vier Minuten(!) bei den Beinen, dienen fast ausschließlich der Kraftausdauer.

Intensität

Das ist jetzt eine echt schwere Aufgabe. Dieses kleine Wort zu erklären ist...hmja.
Versuchen wir es mal so: Sie legen das Gewicht auf die Stange mit welchem Sie normalerweise zehn Kniebeugen bewältigen. Und jetzt machen Sie 20.
Ja wohl, 20 Wiederholungen.
Anschließend werden Sie möglicherweise nur noch so schnell als möglich in Richtung Toilette humpeln oder auch kriechen. Und dann werden Sie verstehen...
Mr. Heavy Duty Mike Mentzer beschreibt das in etwa so: Da ist eine Stange Dynamit. Nun hauen Sie die ganze Zeit mit lauen Schlägen und einem kleinen Hämmerchen darauf herum. Nichts geschieht. Jetzt nehmen Sie einen großen Vorschlaghammer, spucken in die Hände und...
Gut, ich möchte von diesem Versuch dann doch eher abraten. Bitte lassen Sie es sein. Sie sind die einzigen Leser die ich habe.
Doch besser kann ich es kaum erklären.

Aber etwas spezifischer muß ich dann noch werden.
Für Bodybuilder bedeutet Intensität etwas völlig anderes als für Powerlifter.
Für den Bodybuilder bedeutet Intensität, das am Ende des Satzes keine Wiederholung mehr möglich ist und der Muskel aufgepumpt oder sogar schmerzhaft leer gepumpt ist.
Das Gewicht ist eher zweitrangig. Es ist nur Mittel zum Zweck. Es ist egal, wie viel Gewicht da auf der Stange liegt, solange diese Erschöpfung eintritt.
Für den Powerlifter ist weder der Pump noch das Leergepumptsein vonnöten. Fast Bedeutungslos. Auch sollte ein Powerlifter eher selten so trainieren, das keine Wiederholung mehr möglich ist.
Aber fragen Sie einen Powerlifter nach dem Gewicht! Wenn Sie dem erzählen das Gewicht sei unwichtig, müßen Sie acht geben, das er Ihren Kopf nicht abreißt.

So, mehr fällt mir zu dem Thema nicht ein. In anderen Kapiteln wird sich Ihnen die Intensität (hoffentlich) besser erschließen.

Alternatives Training

Natürlich ist damit nicht ökologisch korrektes Training mit recycelbaren Materialien gemeint.
Es geht in diesem Kapitel um eine meiner Lieblingstechniken, die auch einen hohen Stellenwert bei vielen der besseren Experten geniest. Die Technik, die ich gerne mit Tandem bezeichne, ist einfach ein hocheffizienter Weg seine Zeit im Studio bestmöglich zu nutzen.
Technisch gesehen geht es hier um nichts sehr kompliziertes. Man wählt für jede Übung die man ausführen möchte, das Spiegelbild. Damit ist eine Übung für den gegenspielenden Muskel gemeint.
Also für die Brust ist der Gegenspieler der ober Rücken. In diesem Beispiel heißt dies, das auf jeden Satz Bankdrücken ein Satz Rudern folgt.
Ist doch einfach.

Das hat mehrere große Vorteile:
1. Man ist schneller mit dem Training fertig.
2. Seltsamerweise,scheint man nicht so schnell zu erschöpfen, sogar langsamer, als wenn man Satz auf Satz einer Übung ausführt. Darin sind sich die meisten Experten einig.
3. Muskuläre Ungleichgewichte werden vermieden, da für gegenüberliegende Muskeln gleich viel Arbeit geleistet wird. Das führt nicht nur zu einer symmetrischeren Figur, sondern stellt zugleich eine hervorragende Verletzungsprofilaxe dar.

Die Paarungen heißen: Brust/Oberer Rücken bzw. Lats, Bizeps/ Trizeps, Quadrizeps/Beinbizeps, Unterer Rücken/ Bauch, Schultern/ Trapezius und hintere Schulter, Waden/Bauch.
Zugegeben, das letzte Paar ist nicht gegenüberliegend, aber die wenigsten benötigen Extratraining für den Schienbeinmuskel und so wie angegeben, ermöglicht es ein schnelles und sinnvolles Training.

Alternatives Training läßt sich auf fast alle Trainingspläne und -systeme dieses Buches anwenden. Wenn Sie z.B. mit Supersätzen arbeiten, folgt halt ein Supersatz für den Rücken auf einen Supersatz

für die Brust.
Es ist ganz einfach, man muß nur sein Gehirn nutzen.

Splittraining

Tja, nicht nur Ehepaare müßen sich die Frage stellen ob sie splitten. Nein, auch der erfolgsorientierte Sportler muß sich diese Frage stellen, wenn auch weniger aus fiskalischen (steuerlichen) Gründen. Dem Trainierenden stellt sich die Frage, ob er den ganzen Körper in einer einzigen Trainingseinheit bearbeiten möchte, dem guten alten Ganzkörpertraining, oder ob er den Körper doch lieber über mehrere Trainingseinheiten verteilen möchte. Für Neulinge sei hier noch etwas klargestellt: Es geht nicht darum den Körper zu zerstückeln und nach mehreren Trainingseinheiten zusammenzuflicken. Obwohl es bestimmt Zeitgenossen gibt, denen man dieses „Vergnügen" wünschen mag....
OK, ich mache blöde Kalauer. Zurück zum Thema.
Es gibt Argumente für beide Trainingsformen.
Gegen das Ganzkörpertraining und für ein sogenanntes Splittraining spricht die Logik. Es ist die Logik des mehr ist besser. Es ist dann möglich mehr Übungen, mit mehr Sätzen für jeden Muskel auszuführen. In einem eingeschränkten Rahmen ist dies auch absolut richtig.
Aber nur eingeschränkt.
Denn für den Körper ist die mehr ist besser Regel nur teilweise richtig.
Mehr Gewicht = mehr Kraft = mehr Muskeln.
Soweit so gut. Das ist der einzige Zusammenhang wo dieses „mehr ist besser" uneingeschränkt gilt.
Was ich Ihnen nun mitteile wird Sie vielleicht schockieren. Was die Zahl der Übungen und der Sätze angeht, werden Sie selten mehr als max. drei Übungen pro Körperteil und Woche benötigen.
Oft reicht eine Übung.
Ja wohl: Eine.
Die Anzahl der nötigen Sätze ist auch begrenzt. Diese richtet sich nach dem Trainingsziel, das Sie gerade verfolgen. Kraft erfordert in der Regel, mehr Serien als Masse.

Ein Mangel an Splitvariationen herrscht nicht: Push/Pull, Upper/

Lower, Drei-, Vier-, Fünftagesplit usw.

Zweitagesplit:

Da gibt es die Push/Pull Version.
An einem Tag trainieren Sie alle „Drückenden" Muskeln, d.h. Quadrizeps („QUADS"= vorderer Oberschenkel); Waden, Brust, Schulter („Delts"), Trizeps („Tris"). Am anderen bearbeiten Sie Beinbizeps(„Hams"), Rücken, Trapezius („Traps") und Bizeps („Bis")

Der Upper/Lower-Split.
An einem Tag wird der Komplette Oberkörper trainiert. An einem Tag anderen wird die komplette Beinmuskulatur erschöpft.

Dreitagesplit:

Tag I: Brust, Delts, Tris; Tag II: Beine; Tag III: Rücken, Traps, Bis.
Da gibt es noch Abwandlungen. Auf Die werde ich genauer eingehen, wo die Trainingspläne es notwendig machen.

Viertagesplit:

Tag I: Brust Tag II: Rücken; Tag III: Beine; Tag IV: Schultern, Arme

Fünftagesplit:

Tag I: Brust; Tag II: Rücken; Tag III: Schultern; Tag IV Beine; Tag V: Arme
Und so weiter....

Für alle Splitformen gibt es Variationen, bei denen Sie drei Tage die Woche trainieren (JA, auch für den Fünftagesplit!) oder jeden zweiten Tag trainieren. Dann gibt's noch zwei oder drei Tage in Folge trainieren, gefolgt von einem Tag Pause. Oder vier oder mehr Tage in Folge, gefolgt von einem oder zwei Pausentagen.
Meine persönliche Meinung nach ist, das normalerweise sogar für wettkampforientierte Sportler, alles was über den Dreitagessplit hin

aus geht, unsinnig. Die meisten Athleten dürften mit einem Zweitagesplit mit maximal vier Trainingseinheiten je Woche am besten bedient sein.

Die vier- bis sieben Tage Splitung dient als seltener „Rule breaker", als Ausnahme, um den Körper ungewohnten Reizen auszusetzen.

Was spricht nun für das Ganzkörpertraining?
Bloß mehrere hundert Jahre erfolgreichen Trainierens, wenn man die Erfahrung aller Athleten zusammen nimmt.
Bloß die Zeitersparnis.
Bloß die Intensität, die durch jene Effizienz entsteht, die notwendig ist um den ganzen Körper in max. 60 Minuten zu trainieren.
Bloß der hohe natürliche Ausstoß anaboler Hormone, der infolge schweren Beintrainings entsteht und die so auch die anderen trainierten Muskeln überschwemmen.
Ja, richtig gelesen: Ausschüttung anaboler Hormone infolge schweren Beintrainings. Ich las in den 90´ern von einer Studie, in der gezeigt wurde, das ein bis zwei schwere Sätze der Kniebeuge mehr Hormonausschüttung produzieren als Beinpressen, Beinstrecken, Beincurls etc. Das also Bankdrücken, Crossover oder Curls kaum positive Auswirkung auf unseren Hormonstatus haben, ist wohl klar. Die einzige Übung mit ähnlicher Wirkung dürfte „richtiges" Kreuzheben sein. Powerlifter dürften sich also freuen, da die zwei „anabolsten" Übungen für sie Standard sind.
Daher bevorzuge ich einen Push/Pull-Split an dessen Push Tag Kniebeugen, Bankdrückvariationen ausgeführt werden. Am Pull Tag sind dann Kreuzheben, Rudervariationen und/oder Klimmzugvarianten dran.
Für die meisten dürfte ein solcher Splitt mit drei Trainingstagen die Woche der Weg zum Erfolg sein.

In den Kapiteln über die einzelnen Trainingsformen/-systeme werde ich da mehr ins Detail gehen.

Das Internet

Hmm, das Internet? Was hat´n das mit Training zu tun?
´ne ganze Menge, Du Hirni!
Und Sie sind ein Hirni, wenn Sie so (sau-)doof fragen. Alles was ich hier zusammenfasse, ist das Ergebnis von jahrelangem Lesen. Und langer, langer, noch längerer und verdammt einsam vor dem PC verbrachter Rechercheabende.
Ich gestehe es ja äußerst ungern, aber ALLES (fast) hätten Sie auch ohne mich, mit ausdauernder Internetrecherche gefunden.
Englischkenntnisse vorausgesetzt.
Deutsche Seiten sind nicht schlecht, kommen aber an die der Amis nicht ran.
Alles was ich hier gemacht habe. ist, einen Teil meiner Recherchen, gewürzt mit eignen Erfahrungen, zusammenzufassen.

Ein guter Anlaufpunkt ist schon mal die Suchmaschine Ihres Vertrauens. Des weiteren bietet sich das Internet als Möglichkeit, sinnvolle Nahrungsergänzungen möglichst günstig zu erstehen.

Um die Ausführung verschiedenster Übungen in recht guter Form vorgeführt zu bekommen bieten sich folgende Seiten:
www.t-nation.com
www.elitefts.com

Ein gutes gratis online Ernährungstagebuch finden Sie unter:
www.fitday.com

Sie sollten allerdings gut Englisch verstehen und kein Problem mit amerikanischen Maßeinheiten haben. Dann kann es allerdings ein machtvolles Werkzeug sein.

Gute Kalorientabellen finden Sie hier:
www.nutrition.at/pages/naehrstofftabelle.htm,
www.hbnweb.de/naehrwerttabelle/naehrwert.php

Wer sich für den Glykemischen Index (Glyx, GI) von verschiedenen Nahrungsmitteln interessiert:
www.glycemicindex.com

Sehr interessant sind die Interviews unter:
www.qfac.com/advice_form.html

Für Powerlifter/Kraftdreikämpfer sind dies Seiten von Interesse:
www.t-nation.com
www.elitefts.com
www.deepsquatter.com
www.joeskopec.com
Alle Seiten sind auf englisch. Vergleichbare Seiten aus dem deutschsprachigen Raum habe ich nicht gefunden. Allerdings gibt es auf den meisten Bodybuilding-Homepages PWL-Foren.

Meine Lieblingsseite ist t-nation.com, ich liebe besonders die philosophischen Aphorismen.

Nun wenn Sie soweit kommen, werden Sie schnell selbst auf eine Vielzahl weiterer Adressen stoßen. Interessante Suchworte werden Sie mehr als genug in meinem Buch finden. Da gibt's dann reichlich Praxistipps. Allerdings sollten Sie niemals Ihren gesunden Menschenverstand ausschalten. Manche Tipps sind echt gesundheitsgefährdend.

Das Einsatztraining

Das Einsatztraining

Jeder der schon eine Gewisse Zeit trainiert hat, kennt die so genannten „Anfängertrainingspläne" mit nur einer Übung je Muskel und den vorgeblichen „Fortgeschrittenen- oder Profiplan" mit mehreren Übungen und mehreren Sätzen je Übung. Natürlich kann man das nur in mehrstündigen Trainingssitzungen leisten oder in dem man den Trainingsplan aufteilt.
So weit so gut.
Nur gibt es berechtigte Zweifel ob die ausgedehnten Trainingspläne wirklich das Mittel zum Erfolg sind. Wie erklärt sich sonst, das Top-Bodybuilder wie Dorian Yates, Aaron Baker, Mike Mentzer ein Training mit wenigen Sätzen propagier(t)en.
Sie glauben, ein Training mit nur einem Satz könne Sie nicht weiter bringen? Dann schauen Sie sich Bilder oben genannter Herren an.
Ich glaube nicht, das das Ein-Satz-ist-genug -Training, die ultimative Lösung für alle Trainierenden auf alle Zeit ist.
Aber, es ist eine hervorragende Methode, Muskeln aufzubauen, die über gewisse Zeiträume hinweg genauso wirksam ist, wie andere, auch nur zeitlich begrenzt wirksame.
Deshalb werde ich hier verschiedene „Propheten" des Einsatztrainings und Ihre Systeme beschreiben. Die Pläne sind z.T. sehr unterschiedlich.
Im Übrigen spricht man hier gerne von HIT(High-Intensity-Training).

Grundlagen des Einsatztrainings

Die Grundlagen sind wohl logisch. Man führt nur einen Satz je Übung aus. Einen beinharten, ICH-HASSE-TRAINING Satz. Natürlich erst nachdem man sich ausreichend aufgewärmt hat.
Da hören die Gemeinsamkeiten der verschiedenen HIT-Trainingssysteme auch schon auf. Manche der Propheten dieser Trainingsweise empfehlen ein Ganzkörpertraining, zwei bis drei mal die Woche. Andere empfehlen einen Zwei- oder Dreitagesplit mit zwei bis drei Trainingseinheiten die Woche.
Manche empfehlen nur einen Satz EINER Übung je Muskel auszuführen, andere einen Satz mehrerer Übungen je Muskel.

Man kann also leicht erkennen, das die Kontroverse nicht nur heißt, ein Satz ist genug oder multiple Sätze sind nötig. Nein, unsere Verwirrung muß unbedingt noch gesteigert werden, in dem sogar innerhalb des HIT-Lagers Uneinigkeit herrscht.

Die Beobachtung des Autors läßt sich so formulieren:
Alle haben recht, Punkt.
Aber alle haben nur <u>teilweise</u> recht.
Ausnahmslos jeder Trainingsplan bringt Veränderungen und fordert den Muskeln somit Anpassungsarbeit ab. Zu gut Deutsch: Die Muskeln wachsen und/oder werden stärker.
Was eindeutig für das Einsatztraining, egal welchen Systems spricht, ist die Begrenztheit unserer Erholungsfähigkeit. Ein weiteres gutes Argument ist die Zeitersparnis. Selbst der Trainingsplan der die meiste Zeit beansprucht, bedarf weniger als eine Stunde zur Ausführung. Das maximal dreimal die Woche.
Vergleicht man dies mit dem Zeitaufwand, den andere Trainingspläne und -systeme kosten, ein nicht zu verachtender Vorteil. Schließlich gilt uns heute Zeit als sehr wertvoller Faktor.
Mike Mentzer entließ, als Coach, seine Klienten nach z.T nur 15 Minuten aus ihren produktiven Trainingseinheiten.

Warum also Zeit auf unnötige Mehrarbeit verschwenden und nicht für immer HIT-Training betreiben?

Tja, so berechtigt diese Frage auch ist, leider funktioniert das Ein-Satz-Reicht-System nur für die wenigsten von uns dauerhaft.

Aber es wirkt immer, wenn man es z.B in Zeiten hoher beruflicher oder schulischer Anforderungen verwendet. Gerade wenn man wenig Zeit für den Sport aufwenden kann und die Erholungsfähigkeit dementsprechend zusätzlich eingeschränkt wird, zeigen die, in diesem Kapitel, vorgestellten Programme ihre Stärke. Sie bieten die Möglichkeit sich in extrem stressigen Zeiten entweder auf dem Leistungsstand zu halten und oft sogar Verbesserungen zu erzielen.

Auch und besonders wenn Sie für gewöhnlich mit großem Umfang trainieren, werden Sie bei Wechsel auf solche Programme durch Leistungszuwachs profitieren.

Die Wissenschaft

Viel habe ich dazu nicht zu sagen.
Es gibt verschiedene Studien, in denen gezeigt wurde, das ein Training mit nur einem Satz, den gleichen Kraftzuwachs, bei untrainierten Probanden, auslöst, wie ein Training mit zwei bis fünf Sätzen.
Andere Studien zeigten, das der Muskelzuwachs, bei untrainierten Probanden, der selbe sei.
Weitere Studien zeigten, das ein Training mit mehreren Sätzen nur geringfügig mehr Fett verbrennt, als das Training mit nur einem Satz, wieder bei untrainierten Probanden.

Ist es Ihnen aufgefallen?
UNTRAINIERTE Probanden!

Entschuldigen Sie bitte meine Wortwahl: Ich könnte kotzen! Warum werden solche Studien eigentlich nur mit untrainierten Probanden durchgeführt. Gerne werden auch solche Studien ausschließlich mit übergewichtigen Frauen ausgeführt oder mit Altersheimbewohnern.
Ein weiterer Mangel der Studien ist die Auswahl der Übungen. Zumeist setzen sich die Trainingsprotokolle ausschließlich aus Maschinenübungen zusammen. Z.B. Beinstrecken, Butterfly, Curlmaschine....- Hallo?
Liebe Weißkittel, schon mal bemerkt das ein solches Training auf Dauer funktionelle Probleme auslösen würde? Wer so trainiert, zerstört die Bewegungsfähigkeit seiner Schultergelenke, zerbröselt den Kniegelenksknorpel, schwächt die das Knie umgebende Sehnenmanschette und kann bald die Arme nicht mehr strecken. Also wirklich...
Weitere Schwachpunkte sind die zumeist zu kurze Versuchsdauer von max. sechs Wochen. Und die oft mangelnde Trainingshäufigkeit. Nur einmal die Woche
Beinstrecken wird natürlich mit drei Sätzen ausgeführt mehr bringen, als nur mit einem einzigen Satz.
Ich warte immer noch auf eine Studie, in der trainierte Sportler einmal die Woche einen harten Satz von Ich-Muß-Kotzen-Und-Falle-Tot-Um-Kniebeugen ausführen. Und andere trainierte Sportler die

drei solche Sätze ausführen. Eine dritte Gruppe sollte dann, die üblichen Touch-and-Go Sätze machen. Das wären Studienergebnisse, die einen echten Aussagewert hätten.
Dann gibt es da noch das viel zitierte, aber auch viel kritisierte „Colorado-Experiment". Dieses ist so prickelnd, das ich es in einem eigenen Kapitel darauf eingehen möchte.

UPDATE: Ein Spiegel-Artikel und ein kurzer Blick in die Bodybuilding-Foren haben mich eines besseren belehrt. Da ist mir offenbar etwas entgangen, da ich den aktuellen BB-Buchmarkt nicht verfolge.
Mea culpa...
Es gibt da einen Dr. Jürgen Gießing, der als Lehrkraft an der Uni Koblenz-Landau tätig ist. Er hat drei Bücher zum Thema Einsatz- bzw. Hochintensivtraining veröffentlicht. Laut Spiegel hat er seine Arbeiten mit einer entsprechenden Studie belegt und laut Foren dreht sich auch seine Dissertation um dieses Thema.

Das „Colorado Experiment"

Huh, Leute das ist harter Stoff.
Das Ganze fand im Zeitraum vom 01. Mai 1973 bis 28. Mai 1973 statt. Genau 28 Tage. Hmm. Tja, die „Versuchsmaus" nahm in dieser kurzen Zeit die Kleinigkeit von 20,58Kg zu.
Hmm... WIE BITTE?
Jawohl, und ganz nebenbei verlor der Proband noch 8,15Kg Fett.
Ipso facto gewann das Versuchskaninchen also 28kg an Muskeln zu.
Das „Versuchskaninchen" hieß Casey Viator.
Viator war ein recht erfolgreicher Bodybuilder. Durch seine Teilnahme am „Colorado Experiment", das seinerzeit für extreme Furore sorgte, nahm seine Popularität zu.
Jetzt lautet natürlich die Frage: Wie hat er das geschafft?
Die Antwort ist extrem vielschichtig, da es viele Faktoren zu berücksichtigen gilt. Darüber später mehr. Viator war nur das herausragende Exempel, einer ganzen Reihe von Leuten, an denen damals die Wirksamkeit einer speziellen Trainingsform bewiesen wurde.
Es gab sehr schwankende Resultate. Dokumentiert wurden die Ergebnisse eines solchen Trainings anhand eines Kanadischen und zweier US-Footballteams. Die mir bekannten Ergebnisse lassen sich am besten so zusammenfassen: 400Gramm bis 11kg zusätzliches Gewicht je Woche Training. Man bedenke, die 400g beziehen sich auf einen Quarterback. Der muß sehr viel rennen und sollte deshalb nicht zu schwer werden. Das hier nur die Zunahme an Muskeln gezählt wird sollte auch klar sein.

Also nochmal: Was hat Viator in den 28 Tagen gemacht?
1. Er trainierte jeden zweiten Tag. D.h.: 14 Trainingseinheiten. Aber in den ersten drei Tagen trainierte er jeden Tag, um über evtl. Muskelkater hinweg zu kommen. Danach dreimal die Woche.
2. Er führte Ganzkörperworkouts aus. Beine und Oberkörper komplett.
3. Er führte nur einen Satz pro Übung aus. Maximal drei Sätze je Muskel.

4. Er führte nur 10 -12 Übungen je Workout aus.
5. Keine Pausen zwischen den Übungen für einen Muskel. Möglichst kurze Pausen zwischen Übungen für unterschiedliche Muskeln.
6. Angestrebt waren 10 bis 12 Wiederholungen, oft waren es mehr.
7. Das Wiederholungstempo wird mit 4/4 bis 5/5 angegeben, d.h. 5 Sekunden zum heben, 5 Sekunden zum runterlassen. Reine negativ ausgeführte Wiederholungen mit einem Tempo von 10 bis 15 Sekunden. Brutal langsames Training.

Arthur Jones, sein Trainer in dieser Zeit, gibt uns folgende Statistik: Insgesamt 122 Sätze, d.h. durchschnittlich 10 Sätze je Workout. Davon 54 Sätze als rein negatives Training. 14 Sätze als negativ akzentuiert (mit beiden Beinen/Armen heben, mit nur einem Arm/Bein herablassen). 54 Sätze im normalen Stil.
Immer die Übungen über den maximal möglichen Bewegungsspielraum ausgeführt. Stets eine möglichst korrekte Übungsausführung.
Es wurde hauptsächlich mit Vorermüdungssätzen gearbeitet.

Interessanterweise ist an die original Trainingspläne kaum heranzukommen. Es sei denn man bestellt recht teure Bücher aus den USA, und das sieht der Autor nicht ein.
Der Autor ist mit den Arbeiten von Arthur Jones gut genug vertraut um sich die Trainingspläne zusammen-"reimen" zu können.
Doch hier erst mal, was als angeblicher Plan im Ironman-Magazin veröffentlicht wurde:

Beinstrecken im Supersatz mit so einer Art Beinpresse im Supersatz mit Kniebeugen. Nach kurzer oder ganz ohne Pause ein Satz Beincurls. Dann ein Supersatz aus Pullovermaschine gefolgt von Latziehen. Ein Satz an der sogenannten „Double Shouldermachine", vermutlich Seitheben an der Maschine. Ein Satz Rudern an der Maschine. Ein Satz Bankdrücken an der Maschine. Ein Satz an der Bizeps - maschine. Dann ein Supersatz aus Trizepsdrücken an der Maschine gefolgt von einem Satz Dips.
Gegen diesen Trainingsplan gibt es meinerseits keine Einwände. Nur,

vermutlich hat Viator den Satz Rudern an der Maschine ersetzt durch einen Satz fliegende Bewegung an der Maschine. Dann sah sein Brusttraining eher so aus
Fliegende an der Maschine ohne Pause gefolgt von Bankdrücken an der Maschine.
Außerdem wage ich Zweifel daran anzumelden, das er wirklich in jedem Training Kniebeugen ausgeführt hat.

Nun, was gibt es also an dem „Colorado Experiment" auszusetzen?
Eine Sache dürfte ja schon dem geneigten Leser aufgefallen sein: Außer den Kniebeugen und den Dips handelt es sich ausschließlich um Training an der Maschine.
Die Begründung hierfür findet sich in der Person Arthur Jones. Und dem ging es vor allem darum, zu beweisen, das das Training an seinen Nautilus-Maschinen das effektivste ist. Trotzdem sind die Ergebnisse korrekt angegeben.
Der zweite Punkt ist die Versuchsperson Casey Viator.
Dieser hatte bereits vor dem Experiment mit jenem Gewicht Bodybuilding-Wettkämpfe gewonnen, das er durch das Experiment erzielte.
Monate zuvor hatte er bei einem Unfall einen Finger verloren und infolge einer Infektion wahnsinnig Gewicht verloren. Da er in der Zeit nicht trainieren konnte und kaum aß, ist wohl klar das es sich dabei größtenteils um Muskeln gehandelt hatte. Casey Viator hatte außerdem eine außerordentliche Genetik und war zu dieser Zeit noch sehr, sehr jung, etwa 21 Jahre alt. Während des Experiments aß er nun alles, was bei drei noch nicht weggelaufen war und trainierte wieder. Kurz und gut, er hat Muskeln zurückgewonnen, die er zuvor schon mal gehabt hatte. Und die Gerüchte, er hätte in dieser Zeit Anabolika genommen, wollen nicht verstummen.

Trotzdem, muß gesagt werden, das die Ergebnisse sehr beeindruckend sind. Auch wenn es sich um zurückgewonnene Muskeln handelt, man eine längere Krankheit und Trainingspause sowie Anabolika in die Rechnung einbezieht – dem Autor ist noch nie ein Fall solch schneller Muskelmasse Zunahme zu Ohren gekommen.
Selbst wenn sie nur EIN Kilo pro Monat zulegen, kann man schon

von rapider Gewichtszunahme sprechen.

Arthur Jones

Es ist an der Zeit, sich mit den Arbeiten von Arthur Jones näher zu befassen.
Arthur Jones war der Erfinder der Nautilus Maschinen. Obwohl er, vor allem, ein hervorragender „Salesman" in eigener Sache war, hat er nie den Wert des Trainings mit freien Gewichten in Frage gestellt. Er liebte das Bodybuilding.
Sein Verdienst ist es den Wert des negativen (nachlassenden) Teiles der Bewegung in das Bewusstsein der Sportwelt zu heben.
Ein weiterer Verdienst ist es, das er den Bodybuildern klarmachte, das sie oft zuviel trainierten.
Über seine Rolle im Colorado-Experiment wurde im vorhergehenden Kapitel berichtet.

Seine Trainingsphilosophien lassen sich recht knapp formulieren:

1. Ein Satz ist genug. Im Einzelfall kann es auch mal sein, das max. drei Sätze von Nöten sind;
2. Bewegungen sollten stets über den max. möglichen Bewegungsspielraum ausgeführt werden;
3. Bewegungen sollten möglichst korrekt ausgeführt werden
4. Langsames Bewegungstempo: 4/4 oder 5/5;
5. Rein negatives Training ist hochwirksam und sollte ab einem gewissen Entwicklungsstand seinen Platz im Training finden;
6. Ganzkörpertraining;
7. Kurze oder gar keine Pausen zwischen den Übungen;
8. 10 – 14 Sätze je Trainingseinheit, also max. 45 – 60Minuten;
9. Ausreichend Erholung

Hier ein Beispielplan: (SS=Supersatz)

SS 1 Beistrecken gefolgt von Beincurls oder Beinpressen
SS 2 Pullover (Maschine) gefolgt von Rudermaschine
SS 3 Langhantelcurls dann Maschinencurls dann Latziehen

SS 4 Bankdrücken dann Trizepsmaschine dann Dips

Jeweils ein Satz bis zur Erschöpfung.
An der Curl- und Trizepsmaschine die maximale Kontraktion (max. Muskelspannung) für zwei bis vier Sekunden halten. Übrigens auch beim Beinstrecken und Beincurl.
Das Tempo sollte für alle Übungen mit 4/4 gehalten werden.

Ellington Darden

Doktor Elington Darden um genau zu sein.
Darden war damals ebenfalls am Colorado Experiment beteiligt. Der gute Doktor war einst selbst ein recht guter Bodybuilder. Man muß ihm zumindest ein kurzes Kapitel widmen, da sein Name recht bald auftaucht, sobald es um HIT-Training geht.
So furchtbar viel gibt es auch nicht über ihn zu schreiben. Zwar hat er eine ganze Reihe von Büchern über hochintensives Training geschrieben, aber zum großen Teil schreibt er in allen Büchern das gleiche. Er tutet zuerst einmal ins selbe Horn wie Arthur Jones, also die meisten Bodybuilder seien übertrainiert.
Für Leute wie mich mögen seine Bücher recht interessante Inspirationsquellen sein, aber insgesamt sind sie doch eher eine unnötige Investition.

Zusammengefasst:
1. Ganzkörpertraining, zwei bis drei mal die Woche;
2. Ein Satz ist genug;
3. Langsame Wiederholungen, Tempo 3/5 bis 10/10;
4. Zur Spezialisierung Superzeitlupe d.h. eine Wiederholung = eine Minute
   oder rein Negative Wiederholungen z.T. auch superlangsam;
5. Hyperhydratisierung, bedeutet extrem viel Wasser trinken, ab vier Liter bis zu zehn Litern

Wer den letzten Tipp probieren mag, bitte sehr. Zehn Liter halte ich persönlich für gesundheitlich eher fragwürdig. Mit fünf Litern habe ich recht gute Erfahrung, allerdings mit den Nebenwirkungen, das ich mir wie ein Wasser gefüllter Ballon vorkomme und ständig das Porzellan aufsuchen darf.

Elington Darden hat aber ein ganz klasse megakurz-Programm entwickelt, das es ermöglicht in extrem hektischen Zeiten immer noch ein produktives Training durchzuführen. Sie brauchen etwa 15 Minuten, inklusive Aufwärmen.

In den Grundzügen sieht es so aus:
Sie führen drei Übungen aus, und zwar back to back, d.h. <u>Ohne Pause</u>. Das Tempo ist 4/4 bis 5/5 für zehn Wiederholungen.

1. Beinpresse oder Kniebeuge oder Kreuzheben oder Beincurl
2. Pullover oder Klimmzug oder Latzug oder Rudervariation
3. Bankdrückvariation oder Dips

Das war's. Dreimal die Woche, jedes mal andere Übungen. Wenn Sie das Tempo so langsam halten und die Übungen in schneller, pausenloser Abfolge ausführen, werden Sie merken, das dieses Utzi-Dutzi-Du-Mini-Programm ganz schön fordernd ist.
Natürlich taugt es nichts für einen Wettkampf ambitionierten Eisenhelden. Aber für jeden anderen, der extremst wenig Zeit hat oder sich von einer Phase hochvolumigen Trainings eine Auszeit nehmen will oder muß (Übertraining), ist es eine prima Alternative zum Nichtstun und ermöglicht oft sogar noch Massezuwächse, Verbesserungen oder zumindest Erhalt des gegenwärtige Leistungsstandes.

Big Jim

Big Jim Flanagan ist ein recht ingeniöser älterer Herr, der einen starken Hang zum Sadismus haben muß...
Nein, also jetzt mal im Ernst: Big Jim ist ein ziemlich bulliger Mann um die 60, der ein paar der gemeinsten Programme geschrieben hat, von denen ich je gelesen habe, bzw. die ich je ausprobierte. Er gehörte übrigens zu dem Kreis um Arthur Jones und Casey Viator und hatte wohl teilweise mit dem Colorado-Experiment zu tun.

Hier ein Beispiel:
Ein Ganzkörperworkout, bestehend aus acht Übungen.
Z.B.: Beinpresse, Pullover, Latziehen, Maschinenbankdrücken, Seitheben (Maschine), Bizepsmaschine.
Die erste Wiederholung wird mit maximalem Gewicht ausgeführt. Sobald Sie das Gewicht oben haben, wird's lustig. Denn herunter lassen Sie das Gewicht in 30 oder besser in 60 Sekunden. Ohne Pause wird dann das Gewicht auf 50% gesenkt und Sie führen noch so viele Wiederholungen aus, wie möglich. So ca. sechs bis acht, bei einem Tempo von 3/3.
In diesem Stil führen Sie die oben genannten Übungen aus. Dann folgen noch zwei Übungen, wie Dips, Pushups (Liegestütze) oder auch Bauchübungen. Diese werden etwas normaler ausgeführt, mit einem Tempo von 5/5 bis 10/10.
Mitunter sind diese zwei Übungen aber nicht mehr notwendig...
Unnötig zu betonen, das man dies nicht oft macht. Sie führen am Montag ein etwas normaleres Ganzkörperprogramm aus, und am Donnerstag folgt das oben beschriebene.

Das war's. Alles was darüber hinaus geht, führt ins Übertraining. Und behalten Sie dieses Programm max. drei Wochen bei.

Ein anderer Plan:
In den Supersätzen (SS) gibt es keine Pause zwischen den Übungen. Für alle Übungen werden zehn Wiederholungen ausgeführt, Tempo 3/3.

Tag A
SS 1: Kniebeuge, negative Klimmzüge, Kniebeuge (ja, nochmal)
Pause
SS 2: negative Dips, Kniebeuge
Pause
SS 3: Klimmzug, Dips, Kniebeuge

Tag B
SS 1: Kreuzheben, Beinstrecken, Beinpresse
Pause
SS 2: Pullover, Rudervariante, Fliegende Bewegung
Pause
SS 3: Bankdrückvariation, Schulterpressvariante, Dips
Pause
SS 4: Curlvariante, negativer Klimmzug

Noch ein Plan im Big Jim-Style:
SS 1: Kreuzheben mit 10 Sekunden fürs Runterlassen(!), Beinstrecken, Beinpresse
 Pause
SS 2: Pullover, Variante der Fliegenden, Negativer Klimmzug, Dips bis zum Versagen, dann negative Dips bis zum Versagen
Pause
SS 3: Maschinencurls
Pause
SS 4: Seitheben, Schulterdrücken, Shrugs

Abgesehen vom Kreuzheben sollte das Tempo mit 4/4 gehalten werden.

Mike Mentzer

Kommen wir nun zu der praktischen Anwendung der von Arthur Jones und anderen beschriebenen Prinzipien des Einsatztrainings. Beginnen wir mit Mike Mentzer.
Wer sich die Mühe macht seinen Namen einmal in die Suchmaschine einzugeben, wird recht schnell beeindruckende Fotos von ihm und seinem Bruder Ray Mentzer finden. Beide waren Ende der 70'er /Anfang der 80'er Jahre auf den Wettkampfbühnen recht erfolgreich. Laut der Literatur haben sie beide es Mikes Trainingssystem zu verdanken, das in einer Buchreihe Namens „Heavy Duty" vermarktet wurde und wird.

Zusammengefasst steht das folgende drin:
1. Ein Satz je Übung, sechs bis 12 Wiederholungen. Zwei bis drei Übungen je Muskel;
2. Tempo der Wiederholungen 3/3 bis 4/4;
3. Gelegentlich werden die Sätze durch Wiederholungen mit Partnerhilfe, Teilwiederholungen oder Abladen verlängert;
4. Ein Zwei- bis Dreitagesplit, Trainiert wird entweder jeden zweiten Tag (drei mal die Woche) oder zwei Tage Training, ein Tag Pause, zwei Tage Training, zwei Tage Pause;
5. Für die meisten Muskeln arbeitet Mentzer mit Vorermüdungssupersätzen, d.h: erst ein Satz einer Isolationsübung bis zur Erschöpfung, ohne Pause gefolgt von einer Multigelenksübung. Z.B: Butterfly gefolgt von Bankdrücken;
6. Keine der Trainingseinheiten, die Mentzer beschreibt, hat mehr als sechs Sätze.

Letzteres erreicht Mike Mentzer, in dem er das Training über drei Tage verteilt. Was in etwa so aussieht:
Tag 1: Brust, Schulter, Trizeps
Tag 2: Rücken, Trapezius, Bizeps
Tag 3: Beine, Waden, Bauch

Meiner Erfahrung nach können Sie auf diese Art bis zu 12 Sätze in einem Training ausführen, in dem Sie das Beintraining auf zwei Tage aufteilen, an denen Sie auch Ihren Oberkörper im Push/Pull-Split trainieren.

Etwa so:
Tag 1: Quadrizeps, Waden, Brust, Schulter, Trizeps
Tag 2: Beinbizeps, Rücken, Trapezius, Bizeps, Bauch

Es steht noch ein bisschen was über Ernährung und die geistige Haltung drin, aber das soll hier nicht weiter erörtert werden.

Für Mike Mentzer war der entscheidende Faktor das Sie sich ausreichend erholen und dann im Training alles in diese wenigen Sätze packen. Er hatte noch ein paar interessante Ideen, wie die statisch-negativen Wiederholungen und die Rest-Pause-Technik. Doch dazu später mehr.

Laut diversen Berichten in der Fachliteratur und seinen eigenen Angaben zufolge, dauerten die Trainingseinheiten seiner Klienten häufig nicht länger als 15 bis 20 Minuten. Alten Zeitungsartikeln zufolge, hat er selbst im Schnitt drei bis vier mal die Woche trainiert und brauchte jeweils etwa 45 Minuten. Das erscheint schon realistischer.
Überhaupt wird in den amerikanischen Foren, gemunkelt, Mike Mentzer sei in seinen letzten Büchern etwas sonderlich geworden. So soll er darin z.B. schreiben, es würde genügen nur einmal die Woche zu trainieren, und dann auch nur einen Teil des Körpers...
Das kann nicht funktionieren.
Ich habe seine letzten Bücher nicht gelesen und habe auch nicht vor, dies noch zu tun. Nur ungern möchte ich feststellen müßen, das er mit seinen letzten Werken, seine wertvollen Arbeiten aus früheren Perioden entwertet. Denn egal, wie absurd möglicherweise seine letzten Werke sein mögen, Heavy Duty ist nach wie vor ein gutes System.

Hier noch ein paar Variationen des Heavy Duty-Trainings. Nur am Beispiel des Brusttrainings. Der geneigte Leser ist sicherlich in der Lage, das für die restlichen Muskelgruppen umzuformen. Es geht nur darum einen Eindruck in die Methodik zu geben.

Variation 1:
Normalerweise beginnen wir ein Training mit einem Warmup. Jetzt erfolgt das Warmup innerhalb des Arbeitssatzes. Wir fangen an mit der fliegenden Bewegung mit Kurzhanteln. Wir führen erstmal zehn Wiederholungen mit etwa 50% des möglichen Gewichtes aus. Ohne Pause folgen nun acht Wiederholungen mit 50% des möglichen Gewichtes. So, jetzt wird's brutal: Wir nehmen ohne Pause das maximale Gewicht für acht Wiederholungen und führen diese aus. Ohne Pause nehmen wir nun die nächst leichteren Kurzhanteln und führen alle Wiederholungen aus, die wir schaffen. Dann die nächst leichteren. Und so weiter, bis Ihnen entweder die Puste oder die noch leichteren Kurzhanteln ausgehen.
Nach etwa einer Minute Pause machen Sie das selbe beim Kurzhantelbankdrücken.
Das Tempo der Wiederholungen sollte bei 3/3 bis 4/4 liegen.
Ihre Brust wird sich dann anfühlen als würden Sie Blut schwitzen. Ein Mörderpump und in der Folge ein krasser Muskelkater. Das geht natürlich auch mit anderen Übungen und funktioniert bestens an Maschinen.

Variante 2:
Einmal las ich von folgender Brustkombo, die Mentzer selbst durchgeführt haben soll.
Butterfly, nur das untere Viertel der Bewegung, gefolgt von fliegender Bewegung an der Maschine, superlangsam, gefolgt von Bankdrücken an der Maschine, zweimal das Gewicht reduziert, jeweils die letzten Wiederholungen mit Hilfe. Ohne Pause folgen rein negative Dips und wenn da nix mehr geht, noch Liegestütze bis zum Kollaps.
Tja, ich muß gestehen das ich mich bis heute nicht an diesen Megasatz heran traute. Wahrscheinlich würde sich mein Mageninhalt schon auf der Hälfte des Weges verabschieden. Mal ganz davon abgesehen, das die, ohnehin für mich deprimierenden Gewichte abgesenkt werden müßten, um da überhaupt noch am Ende was hinzubekommen.
Aber wer es ausprobieren mag: Viel Spaß! Natürlich ist das nur ein

Rulebreacker, ein Schockprogramm für einen Tag, wo man sich großartig fühlt und man einem, stur jede Verbesserung verweigernden Körperteil in den Allerwertesten treten möchte.

Variante 3:
Rest-Pause-Training, dem ich noch ein eigenes Kapitel widme.
Fliegende an der Maschine, Butterfly oder CrossOver mit maximalem Gewicht für drei Wiederholungen im Rest-Pause Stil, nach einer 20 bis 30% Verringerung des Gewichtes nochmals zwei bis drei Rest-Pause Wiederholungen und dann ohne Pause direkt ein normaler Satz einer Bankdrückvariation mit sechs bis zehn Wiederholungen.

Variante 4:
Mit statisch-negativen Wiederholungen. Auch hier ein eigenes Kapitel.
Butterfly, Fliegende an der Maschine oder Crossover zwei bis drei statisch-negative Wiederholungen im Supersatz, ohne Pause, gefolgt von einem normalen Satz einer Bankdrückvariation mit sechs bis zehn Wiederholungen.

Vorermüdungstraining I

Kommen wir also zum Vorermüdungstraining.
Mike Mentzers Trainingspläne bestehen zu einem guten Teil daraus, genauso wie die Pläne von Arthur Jones und Dr. Darden.
Einfach gesagt wird bei dieser Form der Vorermüdung für jeden Muskel ein Supersatz ausgeführt. In diesem Supersatz wird erst ein Satz einer Eingelenks- oder Isolationsübung ausgeführt, auf die dann eine Mehrgelenks- bzw. Grundübung folgt.
Bei jedem der folgenden Pläne wird von jeder Übung nur ein Satz ausgeführt und die Übungen eines Supersatzes werden ohne eine Pause dazwischen ausgeführt.

Beispieltrainingspläne:

<u>Variante 1:</u>

Tag 1:
Fliegende Bewegung (Kurzhanteln oder Maschine, Flach- oder Schrägbank) oder Crossover oder Butterfly im Supersatz mit Bankdrücken (Kurz- oder Langhantel, flache, negative oder schräge Bank oder an der Maschine)
Seitheben (Maschine, Kurzhanteln oder Kabel) im Supersatz mit Schulterdrücken (Maschine, Kurz oder Langhanteln)
Vorgebeugtes Seitheben (Maschine, Kurzhanteln oder Kabel)
Trizepsdrücken (Maschine, PressDown, Skullcrusher oder French Press) im Supersatz mit Dips.

Tag 2:
Beinstrecken im Supersatz mit Beinpressen oder Kniebeugen oder Hackenschmidt
Beincurls (liegend oder sitzend) evtl. gefolgt von Kreuzheben mit gestreckten Beinen.
Wadenheben (stehend, sitzend oder an der Beinpresse)
Ein Satz einer Bauchübung Ihrer Wahl

Tag 3:
Pullover (nach Möglichkeit an der Maschine) im Supersatz mit Klimmzug oder Latziehen (hier sind Ihrer Phantasie bei der Griffvariante keine Grenzen gesetzt)
Rudern (Kabel, Maschine, Lang- oder Kurzhantel)
Eventuell ein Satz Kreuzheben in Powerlifting Technik, allerdings nur wenn Sie im Beintraining KEIN Kreuzheben ausgeführt haben
Shrugs (Maschine, Lang- oder Kurzhantel)
Curls (Kabel oder Maschine) im Supersatz mit Kurz- oder Langhantelcurls stehend
Evtl. noch ein Satz Handgelenkcurls

<u>Variante 2:</u>

Tag 1:
Beinstrecken im Supersatz mit Beinpressen oder Kniebeugen oder Hackenschmidt.
Wadenheben (stehend, sitzend oder an der Beinpresse)
Fliegende Bewegung (Kurzhanteln oder Maschine, Flach oder Schrägbank) oder Crossover oder Butterfly im Supersatz mit Bankdrücken (Kurz- oder Langhantel, flache, negative oder schräge Bank oder an der Maschine)
Seitheben (Maschine, Kurzhanteln oder Kabel) im Supersatz mit Schulterdrücken (Maschine, Kurz oder Langhanteln)
Vorgebeugtes Seitheben (Maschine, Kurzhanteln oder Kabel)
Trizepsdrücken (Maschine, PressDown, Skullcrusher oder French Press) im Supersatz mit Dips.

Tag 2:
Beincurls (liegend oder sitzend) evtl. gefolgt von Kreuzheben mit gestreckten Beinen.
Pullover (nach Möglichkeit an der Maschine) im Supersatz mit Klimmzug oder Latziehen (hier sind Ihrer Phantasie bei der Griffvariante keine Grenzen gesetzt)
Rudern (Kabel, Maschine, Lang- oder Kurzhantel)
Eventuell ein Satz Kreuzheben in Powerlifting Technik, nur wenn Sie im Beintraining KEIN Kreuzheben ausgeführt haben

Shrugs (Maschine, Lang- oder Kurzhantel)
Curls (sitzend, stehend, Kurz- oder Langhantel, Kabel oder Maschine)
Eine Wadenübung Ihrer Wahl.

Variante 3:

Tag 1:
Beinstrecken gefolgt von Kniebeugen oder Beinpresse
Wadenheben
Seitheben gefolgt von Schulterdrückvariante
Pullover gefolgt von Klimmzugvariante oder Latziehen
Rudervariante
Trizeps (Frenchpress, Skullcrusher, Press Down) gefolgt von Dips
Curlvariante

Tag 2:
Beincurls gefolgt von Kreuzheben mit gestreckten Beinen
Fliegende oder Butterfly gefolgt von Bankdrückvariante
Shrugs
Trizeps (Frenchpress, Skullcrusher, Press Down) gefolgt von Dips
Curlvariante
Bauchübung
Evtl. Handgelenkcurls

Der geneigte Leser wird jetzt wohl verstanden haben worum es geht und wie die Einsatz-Vorermüdung funktioniert. Es sollte für niemanden ein Problem darstellen, die Pläne seinen Bedürfnissen gemäß umzuändern.
Eine Warnung sei hier nochmals ausgesprochen: Führen Sie pro Trainingseinheit nicht mehr als zwölf Sätze aus, besser weniger. Sonst brennen Sie sehr schnell aus.

Doggrapp

Hmm, liest sich superlecker, was?
Derjenige, der sich hinter diesem Namen verbirgt, hat selbst schon in Interviews zugegeben das der Künstlername schlecht gewählt ist. Real heißt der gute Mann Dante Trudel.
Soweit so gut, nur was hat das mit uns zu tun?
Tja, ein kleiner Suchauftrag im Internet wird uns in viele Bodybuilding-Foren führen, in denen sein Trainingssystem heiß diskutiert wird.

Ich versuche es möglichst kurz zusammen zu fassen:
1. Man nehme drei Übungen für einen Muskel, diese führt man im Wechsel aus. D.H: In jedem Training nur eine davon. Z.B. Tag 1 Bankdrücken, Tag 2 Kurzhantelbankdrücken auf der Schrägen, Tag 3 Bankdrücken an der Maschine;
2. Man führt nur einen Satz aus, nach folgendem Muster: Das Gewicht so wählen das nach ca. acht Wiederholungen keine mehr geht, zehn Sekunden Pause, dann so viele Wiederholungen wie geht, zehn Sekunden Pause usw. bis Sie ca. 15 Wiederholungen bewältigt haben;
3. Zweitagesplit: Tag 1: Brust, Schulter, Trizeps, Rückenbreite (Variationen von Lat- oder Klimmzug), Rückentiefe (Rudervariationen, Kreuzheben); Tag 2: Bizeps, Unterarme, Waden, Beinbizeps, Quadrizeps (vorderer Oberschenkel). Bei den Quads ist zu beachten, das stets noch zusätzlich ein „Widowmaker"-Satz von 20 Wiederholungen ausgeführt wird;
4. Ohne Pause führt man direkt nach der Übung eine Stretchübung für den bearbeiteten Muskel aus, die man bewegungslos für 30 bis 60 Sekunden hält;
5. Jeden zweiten Tag Training, freies Wochenende
6. Aerobes Training mit niedriger Intensität. An allen trainingsfreien Tagen für 30-45 Minuten. (Da kann man geteilter Meinung sein ...)

Wer nun glaubt, ein einziger Satz einer einzigen Übung könne nie und nimmer reichen, ha, dem sei angeraten, einmal wirklich einen

Satz im Doggrapp-Style auszuführen, inklusive des Strechings. Garantiert wird Ihnen danach jede Lust auf einen weiteren Satz oder nach einer weiteren Übung vergangen sein.

Wozu Doggrapp noch rät, nein, er befiehlt es regelrecht, ist, das man alle fünf bis acht Wochen eine Woche „cruist". Das kann eine Woche völlig ohne Training sein oder ein bis zwei Wochen leichtes Training, wo die Gewichte nur dreiviertel der letzten sind und man auf das Stretching verzichtet. Er hält dies für notwendig um ein Ausbrennen zu vermeiden und so die Basis für weiteres Wachstum zu bereiten.

Was gibt es noch zu sagen?

Ah ja. Sie haben da Ihre drei Übungen für jeden Muskel ausgesucht, die Sie in rotierender Abwechslung ausführen. Wenn nun in einer der Übung ein Stillstand eintritt, d.h. Sie können über zwei Trainingseinheiten das Gewicht nicht mehr steigern oder schaffen es einfach nicht die Wiederholungen zu steigern, müßen Sie diese Übung ersetzen. Egal ob es Ihre Lieblingsübung ist oder nicht.

Waden: Da hat sich DC was ganz feines einfallen lassen: Sehr langsame Bewegungen mit extremen Stretch in jeder Wiederholung(!). Man geht beim Wadenheben in fünf Sekunden vom Spitzenstand in die maximal gedehnte Position herunter und dort verbleibt man 15 Sekunden lang. Erst dann hebt man sich wieder auf die Fußspitze. Unnötig zu erwähnen, das so 12 bis 15 Wiederholungen die Hölle sind. Weiteres Wadenstreching ist bei dieser Technik unnötig.

Pitt-Force

Eines der intelligentesten Trainingssysteme das mir untergekommen ist. Und eins der brutalsten und wirkungsvollsten....
So, hab´ ich jetzt genug gelobhuddelt?
Ich denke schon.

Also, PITT-Force steht für „Professional Intensive Training Techniques". Dieses System wurde von Karsten Pfützenreuter entwickelt.
Kurz gesagt besteht das Training aus nur ein bis zwei Sätzen je Muskel.
Ja, wo is´n da jetzt was besonderes, da geht's doch schon die ganze Zeit drum, oder?
Jaaaa...., wie so oft steckt der Teufel im Detail: Jeder Satz wird für 15 bis 20 Wiederholungen ausgeführt. Moment, bevor Sie jetzt mit den Füßen stampfen o.ä., lesen Sie erst weiter.
Dann können Sie ja immer noch herum brüllen oder ähnlich sinnlos Ihre Kraft verschwenden. Wie wär´s mit Telefonbücher zerreißen? Gut für fast alle Muskeln... ich schweife ab, sorry.
Pitt-Force - Sätze bestehen also aus 15 bis 20 EINZEL-Wiederholungen. Jaha, jetzt ist wieder ratloses Kopfkratzen angesagt!
Karsten Pfützenreuter hat zwei Techniken elegant miteinander verschmolzen: Die 20 Wiederholungen-Atem-Kniebeuge und die Rest-Pause-Technik. Auf beides gehe ich noch näher in eigenen Kapiteln ein.
Das heißt, ein Satz Pitt besteht aus Einzelwiederholungen, zwischen denen Sie Anfangs 0 bis 2 Sekunden Pause machen, früher oder später (wohl eher früher) bis zu 20 Sekunden Pause. Die Pause sollte für ein bis drei tiefe Atemzüge genügen. Sie werden sowieso schnell mehr Atemzüge brauchen, eher wie eine alte Dampflokomotive.
Der Clou an der ganzen Sache ist, das Sie mit einem Gewicht 20 Wiederholungen zu bewältigen versuchen, mit dem Sie normalerweise nur ungefähr zehn schaffen.

Da ich nur zufällig in den Foren über dieses System gestolpert bin und inzwischen zu geizig geworden bin, um neue Bücher zu kaufen, kenne ich nicht alle Details von Pfützenreuters System.

Das Trainingsvideo seiner Gattin Nicole Pfützenreuter, das ich über Google fand, läßt vermuten, das langsamere Wiederholungen vorteilhaft sind. Meine persönliche Erfahrung, speziell der Mörder-Muskelkater, legt diesen Schluss nahe. Karsten Pfützenreuter macht in seinen Forum-Beiträgen hier keine beinahe-Vorschriften, wie andere Autoren.

Ferner gibt er den Rat, nicht öfter als zwei bis drei mal die Woche zu trainieren, in einem Push-Pull Splitt. Es sei denn, Sie haben eine sehr gute Erholungsfähigkeit, dann dürfen es auch mal vier Einheiten sein.

Außerdem rät er dazu, nicht mehr als vier bis sechs Sätze pro Workout auszuführen. Grob berechnet heißt das pro Muskel nur ein Satz einer einzigen Übung.

Bei dieser doch sehr geringen Anzahl an Übungen und Sätze konzentriert man sich selbstverständlich ausschließlich auf die sogenannten Grundübungen, also Mehrgelenksübungen, die pro Wiederholung am meisten Muskelmasse ansprechen.

Für die Meisten von uns, ist das schon alles was nötig ist, um über längere Zeit sehr ordentliche Ergebnisse zu erzielen.

Beispielplan:
Tag 1
Brust (Bankdrückvariante)
Quadrizeps (Kniebeugen oder Beinpressen)
Beinbizeps (Kreuzheben mit gestreckten Beinen oder Beincurls)
eine Übung Ihrer Wahl, z.B. ein Satz Curls oder ein Satz einer Bauch- oder Schulterübung

Tag 2
Rückenbreite (Klimmzug- oder Latzugvariation)
Trizeps (Dipvariation, enges Bankdrücken, Skullcrusher)
Rückentiefe (Rudervariation oder Kreuzheben)
Waden (stehendes Wadenheben oder an der Beinpresse)

Auf den ersten Blick sieht der Plan nach nicht viel aus. Probieren Sie Ihn aus. Sie werden dann schon merken, was los ist.

Zuerst einmal trainiert man am besten mit je zwei Tagen Pause zwischen den Einheiten.
Nun ist mir nicht bekannt wie sich der Erfinder dazu stellt, aber meiner Meinung nach, stellt es kein Problem dar, in den ersten Wochen nicht häufiger als zwei mal je Woche zu trainieren.
Reicht Ihnen das nicht?
Nun, machen Sie genügend aerobes Training? Es steht Ihnen frei noch ein paar zusätzliche Einheiten Herz-Kreislauftraining einzufügen. Nur übertreiben Sie es nicht.
Was haben Sie schon zu verlieren?
Wenn es Ihnen nix bringt, dann haben Sie zwei erholsame und lehrreiche Wochen gehabt.
Powerlifter par Excellence, Dave Tate, drückt es in einem Interview ungefähr folgendermaßen aus: Die meisten wirklich starken und erfolgreichen Menschen zeichnen sich dadurch aus, das sie öfters neues ausprobieren. Egal ob Sportler oder Geschäftsmann.

Ein weiterer Tipp aus den Foren lautet, das man mit gleichem Gewicht in einer Trainingseinheit 15 bis 20 Wiederholungen, in der nächsten aber nur 10 bis 12 ausführt. Dies soll ein Ausbrennen vermeiden. Besonders sinnvoll erscheint dies, wenn man z.B. jeden zweiten Tag trainiert, also drei bis vier Trainingseinheiten je Woche ausführt.

Was Ihnen vielleicht auffallen wird, wenn Sie dieses Training ausprobieren bzw. ausführen, ist, das Sie nicht den gewohnten „Pump" fühlen, evtl. sogar gar keinen. Oder möglicherweise fühlen Sie sogar einen krassen Pump. Jeder Körper reagiert anders.
Dafür werden Sie sich in den trainierten Muskeln sehr erschöpft fühlen. Sie werden sich auch wundern, wieviel Schweiß man mit so wenig Sätzen vergießen kann.
Und dann der Muskelkater.... juhuh...

Ultra Kurz

Was würden Sie sagen, wenn ich Ihnen ein Training vorschlagen würde, das aus nur einem Satz in maximal sechs Übungen nur einmal die Woche besteht?
Gut, ja, dachte ich mir schon...
Sie können ja weiterblättern, wenn Ihnen missfällt was hier beschrieben wird.
Der Gedanke war, einen Trainingsplan zu entwickeln, der auch dann noch Zuwächse oder zumindest den Erhalt des erreichten Leistungsstandes ermöglicht, wenn nichts mehr geht weil man Übertrainiert ist oder beruflich und privat so gestresst ist, das umfangreicheres Training nicht möglich oder sogar falsch, sprich kontraproduktiv wäre.

Ein solcher Trainingsplan hat natürlich keinen Platz für irgendwelche Spielereien. Man muß sich auf das wesentliche konzentrieren. Das heißt, es werden nur Mehrgelenks- bzw. Grundübungen ausgeführt. Kniebeugen, Kreuzheben, Bankdrücken, Rudern oder Klimmzüge, Dips und eine Übung Ihrer Wahl. Das wäre das maximale Programm.

Gut ist auch diese Version:
Kniebeuge, Kreuzheben, Klimmzug, Dip, Militarypress oder Shrugs oder Bankdrücken.

Für jemanden der sehr großen Erholungsbedarf hat und der sehr unter Stress steht, tut es auch dieses Programm:
Kniebeugen, Kreuzheben, Dip, Klimmzug.

Dabei geht man dann folgendermaßen vor: Nachdem man sich ausreichend aufgewärmt hat (mehrere Aufwärmsätze mit steigendem Gewicht), wird ein einziger Satz jeder Übung durchgeführt.
Zwischen den Übungen sollte mindestens eine Minute, maximal drei Minuten Pause liegen. Wenn keine Wiederholungen über den vollen Bewegungsspielraum mehr möglich sind, folgen halbe Wiederholungen und zuletzt Wiederholungen im oberen Drittel der Bewegung. Diese werden nicht mitgezählt.

Man startet das erste Training mit zehn vollständigen Wiederholungen je Satz.
Das Gewicht wird von Training zu Training um zweieinhalb bis fünf Kilo gesteigert. Diese Steigerungen erfolgen so lange bis man nur noch vier vollständige Wiederholungen bewältigt.
Sobald man diesen Punkt erreicht hat, behält man das Gewicht bei und steigert die Wiederholungszahl in jedem Training um eine Wiederholung.
Das Tempo der einzelnen Wiederholungen sollte so aussehen, das es zwei bis vier Sekunden braucht um das Gewicht zu heben, eine bis zwei Sekunden das Gewicht oben gehalten wird, um es dann in drei bis vier Sekunden abzusenken. In der untersten Position sollte eine Pause von einer Sekunde erfolgen.

Als Tabelle: (Ultrakurzprogramm)

Übung	Sätze	Wiederholungen	Pausen	Tempo der Wh
Kniebeuge	1	4-10	1-3Min.	4/2/4/1
Kreuzheben	1	4-10	1-3Min.	3-4/2/4/1
Dip	1	4-10	1-3Min.	2-4/2/4/1
Klimmzüge	1	4-10	1-3Min.	2-4/2/4/1

Dieses Programm können Sie solange beibehalten, wie Sie damit weiterkommen oder die Stressphase anhält.

Zugegebener Maßen sieht das Programm nach nix aus, allerdings würde es mich nicht wundern, wenn derjenige der es benutzt, außerordentliche Ergebnisse erzielt.

Natürlich ist dies kein Programm, das ein Wettkampf orientierter Bodybuilder dauerhaft verwenden kann. Auf der Bühne kommt es auf eine gleichmäßige Entwicklung aller Muskeln an. Das hier vorliegende Programm dürfte da auf lange Sicht seine Schwachpunkte haben. Für einen Powerlifter dürfte es auch nur für kurze Zeiten geeignet sein.

Mein Mambo-Jambo I

Man könnte zwar meinen das nun schon alles über das Einsatztraining gesagt sei. Trotzdem möchte ich Ihnen hier noch meine persönliche Variation des Einsatztrainings vorstellen.
Wie alle diese Trainingspläne ist auch hier das Augenmerk auf maximale Arbeitseffizienz gelegt.

Der Trainingsplan erfolgt in einem vier Tagesplit:

Tag 1: Brust, Arme
Tag 2: Beine, Waden
Tag 3: Pause
Tag 4: Schulter, Trapezius
Tag 5: Pause
Tag 6: Rücken, Arme

Je Trainingseinheit werden maximal sechs Übungen ausgeführt. Und natürlich, wie sollte es anders sein, pro Übung nur ein Satz.

Natürlich werden in der ersten Übung für jeden Muskel mehrere Aufwärmsätze mit steigendem Gewicht ausgeführt.
Nun folgt der Arbeitssatz. Das Gewicht wird so gewählt das drei bis vier Wiederholungen möglich sind. Es werden nur Wiederholungen gezählt die über den kompletten Bewegungsspielraum erfolgen. Wenn diese vier Wiederholungen ausgeführt sind folgen noch zwei im oberen Drittel der Bewegung. Jetzt wird das Gewicht kurz abgelegt, gerade zwei bis drei tiefe Atemzüge (10-15 Sekunden) lang. Dann werden noch zwei Wiederholungen rausgequetscht. Jetzt wird das Gewicht um etwa 20 bis 30% gesenkt und wieder zwei bis drei vollständige und zwei Eindrittel-Wiederholungen ausgeführt. Erneut eine 10 bis 15 Sekunden Pause und weiter.
Dies wird dreimal, also für zwei Gewichtsreduktionen durchgeführt.
Das Bewegungstempo empfehle ich mit 2-3/1-2/3/1 (heben/oben halten/runter lassen/Pause unten)
Ein solcher Satz in zwei Übungen je Muskel sollten ausreichen um

gute Ergebnisse zu erzielen.

Folgende Übungen bieten sich an:
Brust:
Bankdrücken (Langhantel oder Maschine), Schrägbankdrücken (Multipresse) oder fliegende Bewegung an der Maschine
Rücken:
Kabelzugrudern, Latzug
Beine:
Beinpressen, Beinstrecken, Beincurls liegend, Beincurls sitzend oder stehend, Wadenheben sitzend oder stehend
Schulter:
Drücken an der Multipresse oder Maschine, Seitheben an der Maschine oder Kabel, hintere Schulter Maschine oder vorgebeugtes Seitheben am Kabel
Trapezius:
Shrugs, egal welche
Trizeps:
PressDown, Trizepsmaschine
Bizeps:
Curlmaschine, Kabelcurls, evtl. Lang- oder SZ-Hantel Curls

Für diese Muskeln werden zwei Übungen gewählt:
Brust, Rücken, Beine, Beinbizeps, Trizeps, Bizeps.
Für die Schultern benötigt man drei Übungen.
Für Waden und Trapezius reicht eine Übung.

Um maximale Ergebnisse zu erzielen, halte ich es für unumgänglich, das man noch in jedem Beintraining einen Satz Kniebeugen oder Kreuzheben ausführt. Dieser eine Satz erfolgt so, das zwischen zwei Wiederholungen drei tiefe Atemzüge (10 bis 15 Sekunden) lange Pause liegt. 15 bis 20 Wiederholungen. Keine Teilwiederholungen, keine Gewichtsreduktionen.
Bei den Kniebeugen steht man während der Atempause aufrecht, beim Kreuzheben läßt man so lange die Stange los und steht kurz aufrecht.
Wichtig ist, das man nur eine der beiden Übungen wählt und diese

eine Zeit lang beibehält.

Wem es nötig erscheint, kann entweder an jedes Training noch einen Satz fürs Bauchtraining anhängen oder, besser, den Bauch an den trainingsfreien Tagen zuhause trainieren.

Das Mehrsatztraining

Grundlagen

Na, supi-dupi, noch´n Kapitel zu dem ich keinerlei Lust verspüre etwas zu schreiben.
Was ich über die „wissenschaftliche" Seite des Mehrsatztrainings schrieb, muß ja wohl hier nicht wiederholt werden.
Ansonsten gilt einfach nur folgendes: Sie führen von jeder Übung mehrere Sätze aus.
Wahnsinn, das hätten Sie nie gedacht, was?
Im Ernst: Mir fallen nur wenige Grundsätzlichkeiten ein.

1. Man, geht gar nicht oder nur bei wenigen Sätzen bis zum momentanen Muskelversagen.
2. Ein wirklich sinnvolles Mehrsatztraining erfordert ein Splittraining, vulgo, das Aufteilen des Trainings in zwei oder mehr Trainingseinheiten. Ein Ganzkörpertraining läßt sich hier nur durchführen, wenn Sie sich auf die drei Powerlifts (Kniebeuge, Kreuzheben, Bankdrücken) konzentrieren oder auf die zwei Gewichtheberübungen (Reißen und Stoßen). Beides kann für JEDEN zeitweilig sinnvoll sein, taugt aber für eher Bodybuilding orientierte nur für kurze Zeiträume.
3. Die Trainingszeit sollte pro Trainingszeit 60 Minuten nicht überschreiten. Besser sind 45 bis 50 Minuten. Da bekommt der Ausdruck „Trainingsstunde" eine neue, sinnvolle Bedeutung.

So, das war es auch schon.
Jepp.
Mehr schreibe ich hier nicht. Alles weitere ergibt sich aus den folgenden Kapiteln.

Die Wissenschaft

Hmja, hmm. Habe ich nicht eingangs schon mal erwähnt, das ich null Quellenhinweise gebe? Ich glaube schon. Irgendwie langweilt mich, darüber zu schreiben, welches die Vorteile des Trainings mit vielen Sätzen sind, bzw. wo diese liegen.
OK.
Ganz ehrlich: Mich ätzt dieses Kapitel an. Deswegen fasse ich kurz möglichst zusammen.

– Eine Studie zeigte eine höhere endogene (körpereigene) Ausschüttung von Wachstumshormonen (HGH), wenn die Probanden drei Sätze, statt einem Satz Beinstrecken ausführten. Nun fragt man sich ob sich das Ergebnis genauso darstellt, wenn man einen stirb-oder-pack's Satz Kniebeugen mit drei Sätzen lässigerer (also, wie es die meisten tun) Kniebeugen vergleicht.
Nichts desto trotz ein interessantes Ergebnis.

– Eine andere Studie kam zu vergleichbaren Ergebnissen, hinsichtlich der endogenen Testosteronproduktion.
Zwar gilt hier der gleiche Einwand, wie oben, aber trotzdem bemerkenswert.

– Es gab mehrere Studien, welche den größeren Fett verbrennenden Effekt aufzeigten. Mit anderen Worten: Man verbrennt deutlich mehr Körperfett, wenn man multiple Sätze anstatt eines Satzes ausführt.
Was mich hier stört: Man hat nie verglichen, ob das Ausführen eines brutalen Satzes von zwei bis drei Übungen für einen Muskel, nicht den gleichen Fett verbrennenden Effekt hat, wie zwei oder drei Sätze von nur einer Übung pro Muskelgruppe.

– Um die Kraft dauerhaft steigern zu können, ist es auf lange Sicht notwendig, multiple Sätze auszuführen. Darin stimmen alle, wirklich namhaften, Krafttrainingsexperten überein.
Wohlgemerkt: Für Kraftzuwachs. Für Muskelzuwachs stimmt

das nicht immer. Muskelzuwachs ist allerdings nur möglich, wenn man auch stärker wird. Allerdings müßen Sie nicht die Kraft eines Gewichthebers oder Powerlifters haben, um genauso muskulös zu werden. Aber es ist zur Kraftsteigerung notwendig, das ZNS/CNS (Zentrales Nerven System) zu trainieren. In deutschen Fachbüchern ist auch die Rede von „intramuskulärer Koordination". Das läßt sich einfach mit „Kraft" übersetzen. Also, zu gut Deutsch: Um die Kraft zu steigern muß man die CNS trainieren. CNS-Training bedeutet mehre Sätze einer Übung. Zum Teil bis zu 24(!!!). Nein, kein Tippfehler.

Wie jetzt ja wohl jedem deutlich geworden sein dürfte, spricht einiges für das Mehrsatztraining. Nicht immer, nicht für jeden, aber es gibt offensichtlich gute und einleuchtende Gründe.

Auch wenn mich die Studien nicht völlig überzeugen, hege ich an den Ergebnissen nur wenig Zweifel. Meine Kritik an den Studien gilt der Durchführung. Da wurden meist als Probanden wieder nur untrainierte Probanden eingesetzt. Bei einer Studie bezüglich der Fettverbrennung waren die Probanden, vielmehr Probandinnen, ÜBERGEWICHTIGE HAUSFRAUEN!

Die Studien gingen oft nur über kurze Zeiträume, so das man nicht sagen kann, ob sich die Ergebnisse nicht binnen kurzer Zeit angleichen würden. Die Zeiträume beliefen sich auf EINE einzige Trainingseinheit bis zwei Wochen. Viel zu kurz, für einen ernstzunehmenden Aussagewert.

Und dann die Übungsauswahl: Maschinenübungen. Es muß wohl nicht extra erwähnt werden, das mir keine einzige Studie unterkam, in der Kniebeugen, Kreuzheben oder Powercleans als Übungen Verwendung fanden.

Trotz dieser Fundamentalkritik: Das tägliche Erleben in den Fitness-Studios weltweit, die Beobachtungen aller Trainer in der „realen" Welt zeigen in die gleiche Richtung. Bis auf wenige Ausnahmen, kann kaum jemand auf Dauer mit nur einem Satz, Muskel- und Kraftzuwächse realisieren.

Das Pyramidenprinzip

Eins mal vorneweg:
Das „einfache" oder „klassische" Pyramidenprinzip hat mich bisher nicht zu überzeugen vermocht. Ich finde die Ergebnisse eher bescheiden.
Um mir auch gleich selbst zu widersprechen, es gibt durchaus nutzbringende Verwendungen für die Pyramide. Allerdings unterscheidet sich dies von der üblichen „breiten" Pyramide.

Die übliche Anwendung der Pyramide sieht in etwa so aus:
Ein Satz von 15 Wiederholungen. Ein Satz von 12, dann einer von acht und schließlich vier bis sechs Wiederholungen. Bei jedem Satz wird das Gewicht erhöht.
Die Verfechter dieser Methode behaupten nun, es würde so alles abgedeckt: Höhere Wiederholungszahlen für den Muskelaufbau, die niedrigen Wiederholungen für die Kraft.
Aha?!?
Und die dazwischenliegenden Wiederholungszahlen, für was sind die?
Also, um eine lange Geschichte kurz zu machen: Unsinn hoch drei.
Die lange Begründung: Für Masseaufbau sind keineswegs hohe Wiederholungszahlen nötig und für den Kraftaufbau sind es zu wenig „reine" Kraftsätze.

Es fehlt hier einfach an echter Methodik. Alles, was hier bisher zu lesen war, liest sich, als wolle man nur nix falsch machen und macht deshalb von allem ein bisschen.
Ihnen ist doch klar wo das hinführt, oder?
Ich drücke es einfach aus: Halbarschiges Training bringt, im besten Falle, halbärschige Ergebnisse. Wenn überhaupt.
Zudem kann diese Art des Trainings zu einem Burnout führen.
Tja, mein Urteil ist relativ vernichtend...

Etwas besser sieht es mit der umgekehrten Pyramide aus. Hier wird von Satz zu Satz das Gewicht verringert und die Wiederholungszahl gesteigert. Das ist gerade noch tolerabel. Allerdings ist auch diese Methode bei weitem sup-Optimal.

Ja, verdammt, wie sieht dann die Nutzbringende Verwendung aus?

Nun z.B. als Maximalkraft Test:
Erst erfolgt ein Satz von fünf Wiederholungen, mit ca. 50% des bekannten Maximalgewichtes. Jetzt folgt ein Satz von drei Wiederholungen. Und jetzt folgen nur noch Einzelwiederholungen. Zuerst sind die „Singles" noch leicht. Doch das ändert sich recht schnell. Nach etwa acht Singles sollten Sie ein Gewicht erreicht haben, das Ihr neuer persönlicher Rekord (PR) ist.
Und fertig.
Für den Kraftgewinn eine nützliche Methode.

Für den Kraft- oder den Masseaufbau gibt's noch das sogenannte „Wave Loading Protokoll". Ich nenne es spaßeshalber Wellenreiten, und befinde es eines eigenen Kapitels würdig.

Wellenreiten

Cool. Surfen...
Nein? Ach so...
Tja, tut mir leid, Sie, lieber Leser, enttäuschen zu müßen. Hier geht es natürlich nicht darum, sich mit einem Board todesmutig in die Brandung zu werfen. Wenn Sie das außerdem machen, spricht da nix dagegen.
Aber nicht hier. Sorry.

Im letzten Kapitel habe ich mich lang und breit, negativ über das Pyramidensystem ausgelassen. Man könnte auch sagen, es ging wieder mit mir durch und ich habe hemmungslos abgemotzt.
Schluss damit. Zeit wieder was konstruktives zu schreiben.

Also, das Wellenreiten ist die sinnvolle Variante des Pyramidensystems. Hier wird allerdings mit einer sehr engen Pyramide gearbeitet.
Ist doch klar.
Nicht?
OK, OK, ich erkläre es.

Eine enge Pyramide (reden wir ab jetzt lieber von Progression), hat wesentlich geringere Schwankungen in der Wiederholungsanzahl. Hier gibt es mehrere Variationen.
Nehmen wir zum Beispiel als Ziel den reinen Kraftgewinn im Bankdrücken. Bisheriges Maximalgewicht 100kg.

<u>Variante 1:</u>
3 X 87,5kg, 1X 92,5kg, 3 X 90kg, 1 X 95 kg, 3 X 92,5kg, 1X 97,5 kg, usw.

<u>Variante 2:</u>
3 X 90kg, 2 X 92,5kg, 1 X 95kg, 3 X 92,5kg, 2 X 95kg, 1 X 97,5kg, usw.

Variante 3:
6 X 80kg, 4 X 85kg, 2 X 90kg, 5 X 87,5kg, 3 X 92,5kg, 1 X 97,5kg

Variante 3 ist zugegebenermaßen schon eher dem alten Pyramidensystem ähnlich. Sie dient auch eher dem Aufbau von Kraft mit etwas Masse.

Natürlich lassen sich diese drei Variationen auch für den hauptsächlichen Masseaufbau umformen. Bleiben wir bei max. 100kg.

Variante 1:
8 X 70kg, 6 X 75kg, 8 X 72,5kg, 6 X 77,5kg, usw.
oder
10 X 60kg, 8 X 65kg, 10 X 62,5kg, 8 X 67,5kg, usw.

Variante 2:
8 X 70kg, 7 X 72,5kg, 6 X 75kg, 8 X 72,5kg, 6 X 77,5kg usw.

Variante 3:
10 X, 8 X , 6 X, 9 X, 7 X, 5X

Wobei ich gestehen muß, bisher hauptsächlich mit Variante 1 gearbeitet zu haben. So lassen sich die Gewichte am schnellsten steigern. Für den verständigen Leser sollte es keine Schwierigkeit darstellen, die Varianten seinen Bedürfnissen entsprechend zu verändern. Wichtig ist, das der Satz mit der höchsten Wiederholungszahl nur maximal vier Wiederholungen mehr hat, als der mit der niedrigsten.

Also, das ist Wellenreiten, die „Eisenfresser"-Version.

Und jetzt nehme ein Board und gehe surfen, wer kann und mag.
Viel Spaß...

Charles Poliquin

Eigentlich verdient dieser franko-kanadische „Strength-Coach" mit „Sir Charles" tituliert zu werden. Man kann seinen Einfluss auf die Kraftsportszene kaum ausreichend betonen.
Er selbst hat eigentlich kaum was neues eingebracht. Das nicht, aber er hat vieles was bisher nur einer kleinen und exklusiven Schar von Trainern bekannt war, einer breiteren Öffentlichkeit zugänglich gemacht. Auch hat er jene Teile der Fachliteratur, die nur wenige qualifizierte Trainer lasen (und verstanden!), ins allgemein verständliche übersetzt, so das es möglich wurde, dies in die Praxis zu über-führen. Die große Qualität von Poliquin liegt darin, das er niemals ratlos ist. Für jeden kann er passende Trainingspläne erstellen: Ein Gewichtheber braucht andere Trainingspläne als ein Karate-Kämpfer. Dessen Training unterscheidet sich wiederum von einem Eishokeyspieler, der andere Trainingspläne braucht als ein Bodybuilder usw.

Was nun fertige Trainingspläne angeht, nun, er liefert jede Menge. Für den selbstständig denkenden Leser halte ich es für weit effizienter wenn ich einige seiner Grundsätze oder Grundzüge seiner Trainingsprinzipien beschreibe.
Dabei konzentriere ich mich vor allem auf den Masseaufbau.

Das „German Volume Training":
Seltsam, ich habe noch nie davon in der deutschsprachigen Literatur gelesen bis Polequin darüber schrieb. Diesem faszinierendem System widme ich ein eigenes Kapitel unter dem Titel „10 X 10".

Das Prinzip des häufigen Wechsels:
Poliquin ist der Meinung, das selbst der beste Trainingsplan nur für maximal sechs Einheiten gut ist, d.h. sobald Sie einen Muskel fünf mal mit dem selben Plan bearbeitet haben, wird es Zeit diesen zu ändern.
Dies kann minimal den Austausch von Übungen bedeuten. Besser ist

es jedoch auch Satzzahlen, Wiederholungen je Satz und das Ausführungstempo der einzelnen Wiederholungen zu ändern.
Sie können z.B. folgendes Protokoll befolgen:

Woche	1 & 2	3 & 4
Wiederholungen	8-12	3-8
Sätze pro Übung	2-4	2-4
Sätze pro Muskel	6-8	6-10
Pausen	45-90Sek.	1-3Min.
Wiederholungstempo	Midi 2/1/2	Slow 3/1/4
Übungen je Muskel	2-3	1-2

Beispielplan
Woche 1 & 2
Mo + Do

Bankdrücken	4X10
Klimmzug	4X10
Fliegende Bewegung	2X12
Kurzhantelrudern	2X12
Seitheben	2X12
Vorgeb. Seitheben	2X12
Schrägbankcurls	4X10
Skullcrusher	4X10

Di + Fr

Kniebeuge	4X12
Beincurls	4X 8
Ausfallschritte	3X10 (je Bein)
Wadenheben	4X12
Bauchübung	4X12

Bewegungstempo: 2/1/2 =Zwei Sekunden zum Herablassen (bei Kniebeugen drei Sekunden), unten eine Sekunde Pause, zwei Sekunden zum heben.
Die Pausen zwischen den Sätzen dauern 45 Sekunden.

Woche 2 & 3
Mo+Do

Kurzhantel Schrägbankdrücken	4X4-6
Langhantelrudern	4X4-6
Bankdrücken negative Bank	4X6-8
Klimmzug Breiter Griff mit Gewicht	4X6-8
Stehende Military-Press	6X4
Langhantelcurls	5X5
Dips	5X5

Di + Fr

Frontkniebeuge	4X6
Kreuzheben mit gestreckten Bein	4X6
Beinpresse	3X8
Wadenheben	6X8
Bauchübung	5X5

Bewegungstempo: 3-4/1/3 =Drei bis vier Sekunden zum Absenken, eine Sekunde Pause unten, drei Sekunden zum Heben. Die Pausen dauern eine bis anderthalb Minuten.

Dem interessierten Leser sollte es nicht weiter schwer fallenn, hier Übungen nach Belieben auszutauschen, Wiederholungs- und Satzzahlen zu variieren (innerhalb der von Poliquin gegebenen Parameter).

Eine Sache ist noch von großer Wichtigkeit: Poliquin ist der Überzeugung, das eine Trainingseinheit nie mehr als 20 bis 26 Sätze INSGESAMMT beinhalten und nicht länger als maximal 60 Minuten dauern sollte. Besonders wichtig erscheint ihm dies für den Muskelaufbau. Bei reinem Maximalkrafttraining mit Wiederholungszahlen von 1-3 können es auch mal ein paar wenige Sätze mehr sein. Die Dauer sollte aber auch hierbei 60 Minuten nicht überschreiten.

Das Aufwärmen:
Auch hier hat Poliquin schon früh ein sinnvolles Protokoll veröffentlicht. Egal ob Sie vorhaben mit niedrigen oder hohen Wieder-

holungszahlen zu trainieren, bleibt es unverändert.
Sie nehmen die erste Übung für die ersten beiden Muskelgruppen des Tages.
Erster Satz ohne Gewicht 8-10 Wiederholungen;
30Sek. Pause
50% des angestrebten Arbeitsgewichtes 5 Wiederholungen;
30Sek. Pause
65% für drei Wiederholungen;
30Sek. Pause
jetzt folgen Einzelwiederholungen mit steigendem Gewicht bis Sie Ihr angestrebtes Arbeitsgewicht erreicht haben.
Nach zwei Minuten Pause können Sie nun Ihr Training beginnen.
Führen Sie auch den Satz ohne Gewicht konzentriert und gewissenhaft durch.

Chad Waterbury

Puh, ja... Was soll ich zu diesem Herrn schreiben? Es ist recht schwierig sein Trainingssystem zu beschreiben, schlicht weil er keines hat.

Wieso habe ich den also in dieses Buch aufgenommen? Nun, er hat uns einige recht interessante Tipps zu offerieren, wenn man manches auch für unsere Bedürfnisse anpassen muß. Da Waterbury mehr mit Athleten, weniger mit Bodybuildern oder reinen Kraftsportlern arbeitet, geht es ihm zumeist um funktionelle Kraft, Verletzungsprophylaxe etc.

Sehr nützlich, zum Beispiel, ist eine Maßgabe die Waterbury veröffentlichte.

	Fettverbrennung	Kraft/Masse	Masse
Sätze/Training :	24-36	24-36	36-50
Wiederholungen/ Training/Muskel :	24-36	24-36	36-50
% von Maximalgewicht:	70-80%	80-90%	70-80%
Einheiten/Woche :	2-3XWoche	2-4X W.	2-4XW.

Der Reiz dieser Tabelle liegt darin, das man viele Freiheiten hat. Wenn man z.B. 20 Sätze mit nur einer Wiederholung machen möchte, ist das genauso im Maß, wie drei Sätze à acht oder vier Sätze à sechs Wiederholungen. Und das funktioniert tatsächlich. Was mir ein wenig problematisch erscheint, ist die Anzahl der Trainingseinheiten die man pro Woche pro Körperteil ausführen soll. Das erscheint mir doch ein wenig zu viel.

Ein anderer guter Tipp von Ihm ist es sich ein dickes Tau, Durchmesser ca. 2,5 bis 5cm zu besorgen. Dieses Tau wirft man nun über die Klimmzugstange und führt daran seine Klimmzüge aus.
Oder man befestigt es irgendwo, drei Meter überm Boden, um sich dann mit so einer Art Hammercurl-Einarmklimmzug Bewegung bis oben hoch zu hangeln. Ohne Fußeinsatz. Super Bizeps/Unterarm-

Training.

Mit Seilen und Tauen hat es der Mann ja sowieso. Und obwohl seine Vorschläge einem durchaus Sado-Maso vorkommen können, hat es nichts mit sexueller Präferenz zu tun.
In den USA gilt es als ausgemacht das sogenanntes „FatbarTraining" einer der effektivsten Wege des Krafttrainings ist. Fatbars und Fatdumbells sind Lang- und Kurzhanteln mit doppelt so großem Durchmesser, wie normale Hanteln. Das erfordert größere Greifkraft und diese steht in engem Verhältnis zur Gesamtkraft.
Da nun längst nicht alle Studios Fatbars haben, rät Waterbury, sich zwei, etwa ein bis eineinhalb Zentimeter dicke, Seile zu besorgen und damit die Grifflächen der normalen Hanteln zu umwickeln. Voilà, da hat man sein Fatbar. Funktioniert auch prima an Klimmzugstangen und diversen Seilzuggriffen.

Waterbury ist auch ein Fan von zusammengesetzten Sätzen. Diese bestehen aus mehreren Übungen, von denen man mit dem gleichen Gewicht jeweils eine Wiederholung ausführt OHNE die Hantel oder Kurzhanteln aus der Hand zu legen. Hat man eine Wiederholung aller vorgesehenen Übungen ausgeführt zählt das als _eine_ Wiederholung.
Es ist kaum Fantasie notwendig um sich vorzustellen, wie hart es ist, dann Sätze von fünf Wiederholungen durchzuführen.
Beispiel mit drei Wiederholungen je Satz:
Eine Übungsfolge von: Kreuzheben, Kreuzheben mit gestreckten Beinen, Powerclean, Frontkniebeuge, Militarypress, Kniebeuge, Nackendrücken.
Wenn Sie jetzt jeweils eine Wiederholung haben, so zählt das als eine Runde oder eine Wiederholung. Das heißt, Sie haben dann noch zwei Runden vor sich und das OHNE Pause.
Ziemlich heftig. Und sehr effektiv, da man so Kraft und das Herz-Kreislaufsystem auf einen Schlag trainiert. Gut zur Fettverbrennung und für die Kraftausdauer.
Sehr anzuraten für Kampfsportler.

Charles Staley

Kommen wir nun zu einem der effektivsten Trainingskonzepte das mir bisher unterkam:
Escalating Density Training (EDT)
Dieses System entwickelt und publiziert hat ein, überm großen Teich, sehr erfolgreicher Kraftcoach und Personaltrainer, Charles Staley.

Das Prinzip das hinter EDT könnte man mit „mehr ist mehr" zusammenfassen, aber wie Sie sich sicherlich denken können, ist das dann doch etwas zu kurz gegriffen.
Versuchen wir eine andere Zusammenfassung: „Mehr Arbeit in kürzerer Zeit"
Jaaa, das hört sich schon besser an.
EDT ist ein Trainingsprotokoll das folgende Komponenten enthält:
Alternatives Training.
Gemeint ist, das man alles Training immer im Agonist/Antagonist-Tandem bearbeitet. Also, auf einen Satz Brust folgt ein Satz Rücken, dann wieder Brust, dann Rücken.
Die Kombinationen sind:
Brust/Lats, Trizeps/Bizeps, Quads/ Hams, Waden/Bauch, Schulterdrücken/Traps

Timeframes:
Zwei Übungen werden über eine bestimmte Anzahl von Minuten aus-geführt. Staley empfiehlt 15 bis 20 Minuten, es spricht aber auch nichts dagegen mit zehn Minuten Frames zu experimentieren.

PR: =Personal Rekord.
Sie versuchen in jeder Trainingseinheit mehr Wiederholungen innerhalb eines festgelegten Timeframes zu bewältigen.

Ein wunderbares Beispiel ist die für Brust/Trizeps/Rücken/Bizeps extrem effektive Kombination aus Dips und Klimmzügen. Wir legen den Timeframe mit 15 Minuten fest. Nun führen Sie erst einen Satz Klimmzüge aus, machen etwa 15 Sekunden Pause und führen dann

einen Satz Dips aus.
So verfahren Sie eine Viertelstunde lang. Sagen wir mal, Sie haben jetzt jeweils 45 Wiederholungen bewältigt. In der nächsten Trainingseinheit versuchen Sie nun 50 Wiederholungen zu packen. Wenn Sie die 50 geschafft haben, nehmen Sie im nächsten Training etwas Zusatzgewicht.

Charles Staley empfiehlt Wiederholungszahlen von etwa 60 bis 100 pro Frame. Man darf in diesem Zusammenhang nicht vergessen, das er es meist eher mit Athleten zu tun hat, die in Sportarten mit hohem körperlichen Einsatz antreten.
Für den Muskelaufbau erscheinen mir 50 Wiederholungen je Frame als sehr ausreichend. Ferner rät er dazu, die Wiederholungen auf fünf bis sechs pro Satz zu beschränken.
Da die Pausen am Anfang mit 15 bis 20 Sekunden recht knapp ausfallen, erreicht man recht schnell jenen Punkt, wo man nur noch eine bis zwei Wiederholungen pro Satz schafft und 45 Sekunden oder gar länger zwischen den Sätzen braucht.
Aus Gründen der Einfachheit fordert Staley, das sich die Wiederholungszahlen für den stärkeren Muskel nach dem schwächeren richten.

Um bei unserem Beispiel zu bleiben: Mir ist noch niemand begegnet der stärker im Klimmzug als in den Dips war. Wenn Sie also nur noch zwei Klimmzüge packen, führen Sie anschließend auch nur zwei Dips aus, auch wenn Sie noch zwei Dips mehr schaffen könnten. Klemmen Sie sich halt eine Kurzhantel zwischen die Füße, so das Sie auch nur noch zwei Dips bewältigen.

Abseits des EDT hat Staley noch ein paar gute Tips, die zu stetiger Weiterentwicklung führen.

Spiegeltraining:
Nein, damit ist nicht gemeint, das Sie vor dem Spiegel arbeiten. Gemeint ist vielmehr, Sie führen in den nächsten zwei Wochen das Gegenteilige dessen aus, wie Sie bisher Trainierten. Also: Einsatztraining, wenn Sie mit vielen Sätzen arbeiten, oder umgekehrt. Hohe

Wiederholungszahlen, wenn es bisher niedrige waren und, natürlich, umgekehrt. Viele Übungen wo es bisher wenige waren. Ganzkörpertraining bei bisherigem Splitprogramm....

Ständige Veränderung:
Würde es Sie wundern zu lesen, das Staley, ähnlich wie Poliquin, glaubt, das kein Programm ohne Veränderung öfter als sechs mal ausgeführt werden sollte?
Die Veränderung kann bedeuten, das Sie lediglich Übungen austauschen oder variieren. Oder der völlige Wechsel eines Programms.

Es gibt einen Satz den Charles Staley des öfteren verwendet:
„The best program is the one, you´re not on"
=Das beste Programm, ist jenes, welches Sie gerade nicht nutzen.
Dem kann ich uneingeschränkt zustimmen.
Allerdings sollte dies Sie nicht dazu veranlassen, nun in jedem Training ein anderes Programm zu nutzen und so völlig planlos ein „Programhopping" zu betreiben. Entscheiden Sie sich für ein Programm und behalten Sie dieses zwei bis sechs Wochen bei. Ohne wenn und aber. Es gibt kein magisches Programm oder eine magische Übung, die Ihnen binnen Kürze den Megabizeps oder was auch immer bringt. Zu häufiger Wechsel bringt nämlich auch wieder nichts. Das einzige was Sie damit erreichen, ist ein Mangel an Vergleichbarkeit der Ergebnisse.

5 X 5 = 25

5X5= 25?
Hmja... mathematisch völlig korrekt. Nur handelt hier es sich bei vor-liegendem Buch nicht um ein Rechenlernbuch für Erstklässler. Also ist wohl auch klar, das es hier nicht um die Vermittlung rudimentärer Rechenkenntnisse geht, sondern um ein hochwirksames Trainingssystem.

5X5 ist ein klassisches System, das sich hervorragend zum gleichzeitigen Masse und Kraftaufbau eignet.
Zu den Ursprüngen läßt sich vermuten, das es jener Zeit entstammt, als alle Bodybuilder auch Gewichtheber und/ oder Powerlifter waren. Das wiederum lag daran, das man um an den Bodybuilding Meisterschaften teilnehmen zu dürfen, auch an den Gewichtheber- oder Powerlifterwettkämpfen teilnehmen mußte. Entsprechend waren die Bodybuilder früherer Tage auch so stark, wie sie aussahen.

Gut, genug Geschichte.

In einfachen Worten gesagt: Man führt fünf Sätze von fünf Wiederholungen aus.
Boah, das is´ alles?
Nö.
Dann könnte man das Kapitel ja hier bereits beenden. Wenn, ja wenn, es da nicht noch diverse Finessen gäbe.

Sie können 5X5 ausführen, in dem Sie bei jedem Satz das Gewicht steigern. Auf diese Art degenerieren alle Sätze, bis auf den letzten zu Aufwärmsätzen. Dies ist auch okay. So hin und wiedermal. Aber grundsätzlich finde ich das nicht so überragend und wird Ihnen nicht zum erwünschten Erfolg verhelfen.

Besser ist es, bei allen fünf Sätzen das gleiche Gewicht zu benutzen. Wählen Sie anfangs ein Gewicht, mit dem Sie zehn vernünftige Wiederholungen bewältigen.

Der dritte, spätestens der vierte Satz wird Ihnen verdeutlichen, wie ich zu dieser Empfehlung komme.
Sobald Sie alle 25 Wiederholungen schaffen, können Sie, im nächsten Training, das Gewicht steigern.

Sie können natürlich auch die ersten beiden Sätze als Aufwärm- und „Selbstsicherheitsgefühl"-Sätze verwenden.
Hier steigern Sie während der ersten drei Sätze das Gewicht in gleichgroßen Schritten. Das Gewicht von Satz drei behalten Sie bei. So reduzieren sich die Arbeitssätze auf drei. Gehen Sie in keinem Satz über die fünfte Wiederholung raus.

Bill Star, eine anerkannte Größe im Kraftsport, ist ein starker Verfechter des 5X5-Systems. In den meisten Trainingsplänen empfiehlt er ein Ganzkörpertraining. Dieses besteht aus Kniebeugen, Bankdrücken und Kreuzheben oder Powercleans. Zuzüglich können noch ein, zwei Übungen für je zwei Sätze mit 20 Wiederholungen angehängt werden. Für gewöhnlich wählt er hier die Version mit den gleichbleibenden Gewichten, in allen fünf oder den letzten drei Sätzen. Außerdem staffelt er grundsätzlich die Belastungsintensität. Star rät dazu drei Tage die Woche trainieren.

Am Tag 1 nutzt man alles Gewicht das man bewältigt.

An Tag 2 nimmt man nur 80% dessen, was man an Tag 1 bewegt hat. Es bleibt aber bei 5X5. Star empfiehlt des öfteren, hier das Training als sogenannten „Power-Circuit", also als Zirkeltraining auszuführen. Das heißt auf fünf Kniebeugen folgen ohne Pause fünf Powercleans, auf die ohne nennenswerte Pause fünf Wiederholungen Bankdrücken folgen. Das ist allerdings ein kann, kein muß.

An Tag 3 nimmt man nun 90% des Gewichtes von Tag 1 und macht die fünf Sätze à fünf.

Diese Form mit dem Gewicht umzugehen, dient der Erholung und ist gleichzeitig ein äußerst potentes Mittel zur Kraftsteigerung. So wird jegliches Ausbrennen oder Unlust zum Training vermieden.

Beispiel: (Sätze X Wiederholungen X Gewicht wenn man 10 X 100Kg bewältigt

Montag = 1 X 5 X 50, 1 X 5 X 75, 3 X 5 X 100
Mittwoch= 1 X 5 X 50, 1 X 5 X 60, 3 X 5 X 80
Freitag = 1 X 5 X 50, 1 X 5 X 70, 3 X 5 X 90

Natürlich steht es Ihnen frei, immer und in jedem Training „Balls to the walls" zu trainieren, also in jedem Training die höchstmöglichen Gewicht zu steigern.
Allerdings werden Sie dann recht schnell ausbrennen, Ihre Gewicht werden stagnieren oder sogar schrumpfen, aber bitte...

Das 5X5 -System läßt sich natürlich auch problemlos auf ein Splitprogramm anwenden. Auch läßt es sich mit allen Übungen verwenden. Die Erfahrung zeigt allerdings, das es die größte Wirkung mit den sogenannten „Big-Money-Exercises" zeigt. Am besten eignet es sich für: Kniebeugen, alle Versionen des Kreuzhebens, Powercleans, olympisches Reißen und Stoßen, Beinpressen, Flach- und Schrägbankdrücken, Klimmzüge, Dips, Ruderübungen, enges Bankdrücken, Langhantelcurls, Militarypress.

Wenn man nun das 5X5-System in einen Splitplan integriert, kann man, je nach Split, mehr als nur eine Übung so ausführen. Mitunter ist es aber ratsam, die zweite und evtl. dritte Übung auf drei Sätze à 5 zu reduzieren.

Die Phasen, die Star für das Ganzkörpertraining vorsieht, scheinen mir beim Splittraining unnötig zu sein.

3 X 3

Woll ja, richtich gelesen.
Auch hier geht es nicht um schlichtere mathematische Gleichungen.
Wie immer geht es mir mal wieder um brutales Arbeiten an den wirklich großen Rasseln (Hanteln).
Brutal, hmm, könnte dies mit Bertil „Brutal Fox" zusammenhängen? Jenem brutal massigen Bodybuilder aus Großbritannien, der schon mit Arnold Schwarzenegger konkurriert hat und sogar noch nach heutigen Maßstäben ein brutal massiges Monster ist?
Ja wohl!
Sehen wir mal von charakterlichen Entgleisungen ab, wie das er seine Frau/Freundin und deren Mutter aufgeschlitzt hat, hat er uns ein nettes Geschenk gemacht.
Das er ein verurteilter Mörder ist, soll uns nicht stören, da wir ihn nicht zum Freund haben wollen, sondern nur wissen wollen, welche Methoden er zum Teil verwendete um so ein Muskelberg zu werden.

Und hier kommen wir zum Thema 3X3.
Fox verwendete zum Aufbau seiner Masse unter anderem Abladen, sehr viel abgefälschtes Training, z.T. relativ hohe Wiederholungszahlen (12-20) bei recht hohen Satzzahlen.
Alles das nix neues und nichts was uns in diesem Kapitel interessiert.
Also 3 X 3.
Klar, das heißt nichts anderes als drei Sätze von drei Wiederholungen. Wir verwenden das gleiche Protokoll, wie bei 5 X 5.
Als erstes führen wir etwa drei bis vier Sätze zum Aufwärmen durch. Jeder Satz schwerer als der vorherige. Ich plädiere dafür, den ersten mit fünf, alle folgenden mit drei Wiederholungen auszuführen. Und jetzt führen wir unsere drei Arbeitssätze mit drei Wiederholungen aus.
Das Gewicht sollte so gewählt sein, das man fünf Wiederholungen <u>locker</u> bewältigen könnte. In allen drei Sätzen bleibt das Gewicht gleich, die Pausen sollten etwa drei Minuten dauern.
Da solch ein Training aufgrund der recht hohen Gewichte sehr fordernd für das Zentrale Nervensystem ist, sollte man sich hier lang

sam hereinfinden. Ist das ZNS erstmal überfordert, so ist man übertrainiert und es dauert lange sich zu erholen.

Fox hat dieses System anfangs nur einmal im Monat für jeden Körperteil angewandt, dann einmal die Woche und erst dann wurde es die Hauptform für den Großteil seiner Übungen.

Es empfiehlt sich nicht, dieses Trainingsformat häufiger als zwei mal die Woche pro Muskelgruppe und für zwei Übungen pro Trainingseinheit zu verwenden. Ich würde es sogar für besser halten, je Muskel nur eine Übung so auszuführen und dann eine zweite Übung für ein klassischeres Format wie drei Sätze à sechs Wiederholungen.

Beim 3X3-System empfiehlt sich die Progression wie sie im Kapitel über Doug Hepburn beschrieben wird, zu verwenden. Insgesamt finde ich die Programme von Hepburn sinnvoller.

Das Format 3X3 stellt nur ein sinnvolles Werkzeug zur Vermeidung von Langeweile im Training dar. Kann man ruhig mal einen Monat lang verwenden.

Für Powerlifter gibt es noch eine andere Version von 3X3. Diese stammt von dem dt. Powerlifter und Kraftsportautor Stephan Korte. Darüber mehr im Kapitel „3 X 3 II".

10 X 10

So, hier sind wir beim Masse-Aufbau-System schlechthin. Zu behaupten, dieses System würde rasch Muskelmasse aufbauen ist schon untertrieben. Laut einem Artikel von Charles Poliquin sind zunahmen von 10 Pfund (ca. 4,5kg) und mehr in sechs Wochen nichts unübliches. Und das auch bei Fortgeschrittenen Athleten.
Überhaupt, Charles Poliquin. Es war sein Artikel in der „Muscle Media 2000", der mich überhaupt auf dieses Trainingssystem hingewiesen hat. Später las ich noch einen Artikel über Training für den Aufbau massiver Beinmuskeln, der das gleiche System beschrieb. Dieser Artikel stammt von Bev Francis, eine Profi-Bodybuilderin aus den 80´er Jahren, die extrem mit Muskeln bepackt und zudem extrem stark war, da sie ursprünglich eine gute Kraftdreikämpferin war.
Das System stammt aus den 70´ern und wurde vor allem von dem Trainer Rolf Feser entwickelt und genutzt. Feser war zu dieser Zeit der dt. Nationaltrainer im Gewichtheben. Oft wurde damit innerhalb von 12 Wochen soviel Masse aufgebaut, das der Athlet eine Komplette Gewichtsklasse nach oben wechselte.
Überm großen Teich gilt es bei verschiedenen Krafttrainern als eines, wenn nicht gar als DAS, System zum Muskelaufbau. Drüben heißt es übrigens „German Volume Training". Irgendwie seltsam, das ich darüber fast ausschließlich in amerikanischen Publikationen davon las ...

Wie funktioniert also dieses System?
Ganz einfach: Man führt zehn Sätze mit zehn Wiederholungen aus. Von einer einzigen Übung.
Etwas detaillierter:
Übungen je Körperteil: Eine einzige
Sätze je Übung: Zehn
Wiederholungen je Satz: Zehn
Bewegungstempo: 4/0/2 (langer Bewegungsweg, Kniebeuge, Bankdrücken), 3/0/2 (kurzer Bewegungsweg, Curls, Beincurls)
Pause zwischen den Sätzen: 60 Sekunden
Gewicht: max. 60% Ihres Maximalgewichtes, bzw. ein Gewicht mit dem Sie etwa 20 Wiederholungen bewältigen

Da man nur eine Übung je Körperteil nutzt, sind hier ausschließlich die großen, sog. Grundübungen gefragt: Kniebeugen, Beinpressen, Kreuzheben, Beincurls, Klimmzüge, Rudern, Bankdrücken, Kurzhantelbankdrücken, Dips, Curls.
Es bietet sich an dieses Training so auszuführen, das man immer zwei Übungen alternierend ausführt. Auf einen Satz Bankdrücken folgt ein Satz Klimmzüge, usw. (siehe Alternatives Training).Die Pausenlänge kann dann auf 90 Sekunden verlängert werden.

In der Praxis könnte das etwa so aussehen:
Tag 1
Bankdrücken   10 X 10
alternierend mit
Klimmzüge   10 X 10
Fliegende Bewegung oder Seitheben   3 X 10-12
alternierend mit
Rudern   oder vorgebeugtes Seitheben 3 X 10-12

Tag 2
Kniebeugen   10 X 10
alternierend mit
Beincurls   10 X 10
Bauchübung   3 X 10-20
alternierend mit
Waden   3 X 15-20

Tag 3
frei

Tag 4
Dips   10 X 10
alternierend mit
Curls   10 X 10
Schultern wie Tag 1

Tag 5 & 6
frei

Oder Sie trainieren obigen Trainingsplan, machen aber nach jedem Trainingstag einen Tag Pause. Und bleiben, je nach Ihrem Naturell am Wochenende zu Hause oder gehen auch da im ein Tag Training, ein Tag frei-Modus trainieren.

Natürlich hat auch dieses System seine Schwächen. Allem anderem voran, es ist langweilig. Und es kann einen sogar angeblich zu leichten Kraftverlusten führen. Ja, richtig gelesen: Kraftverlust.
Da man aufgrund des hohen Volumens mit max. 60% dessen trainiert, was man bewältigt, stellt sich im Maximalkraftbereich ein Kraftverlust von etwa 10% (so die Beobachtungen) ein. Ich finde, man sollte dies nicht überbewerten, da einem die hinzugewonnene Muskelmasse zu neuen persönlichen Rekorden verhilft, sobald man ein kraftorientiertes Programm befolgt. Außerdem habe ich mit dieser angeblichen Beobachtung deshalb meine Schwierigkeiten, weil so GEWICHTHEBER trainiert haben. Die tun sicher nichts, was schwächer macht.

Wenn Sie nun sehr viel fortgeschrittener sind und Ihre Muskeln neurologisch sehr effizient sind (Vulgo: Stark), könnte es sein das das Schema 10 X 10 nur noch eingeschränkt für Sie taugt (allerdings kommt das selten vor). In diesem Fall können Sie das gleiche System nutzen, nur das Sie jetzt zehn Sätze mit sechs Wiederholungen ausführen. Hier nutzen Sie dann ein Gewicht mit dem Sie 12 Wiederholungen bewältigen würden.

Vorermüdung II

Erinnern Sie sich noch an das Kapitel „Vorermüdung" im Themenbereich des „Einsatztraining"?
Ja, so ähnlich geht das auch beim Mehrsatztraining.
So ähnlich, aber nicht ganz das gleiche. Hier gibt es nämlich gleich mehrere Versionen der Vorermüdung.

Anhand des Beispiels des Brusttrainings werden alle Versionen erklärt.

Version 1:
Man trainiert erst mit sogenannten Definitions- oder Isolationsübungen. Dann folgen die Mehrgelenks- oder auch Grundübungen.
Als erstes führt man alle Sätze der fliegenden Bewegung, Crossover oder Butterflys aus. Dann kommen erst die verschiedenen Versionen des Bankdrücken.
Das Konzept ist es, zu erst die am schwierigsten auszuführenden Übungen zu machen.
In unserem Beispiel:
Erst Crossover oder fliegende, dann Butterfly, erst Kurzhantelbankdrücken, als letztes Bankdrücken an der Maschine, da hier am wenigsten Koordination gebraucht wird.
Die Pausen werden in der üblichen Länge, wie bei normalen Training gehalten.
Man sollte sich allerdings auf maximal vier Sätze in maximal drei Übungen beschränken.
Eine interessante Abwechslung gegenüber dem üblichen Trainingstrott. Was Sie schnell bemerken werden, ist das sich dadurch Ihr Körpergefühl verändert.

Version 2:
Erst führt man einen Satz einer Isolationsübung aus, dann folgt ein Satz einer Mehrgelenksübung. Dazwischen läßt man Pausen in der üblichen Länge folgern.
In unserem Beispiel:

Ein Satz Crossover, eine bis drei Minuten Pause, ein Satz Bankdrücken; eine bis drei Minuten Pause, ein Satz Crossover usw.
Auch dies eine Trainingsart, die dazu führt, das sich das gleiche Trainingsvolumen ganz anders anfühlt.

Version 3:
Hier kommen wir zur Supersatzstrategie. Hierbei wird erst eine Isolationsübung ausgeführt, auf die unmittelbar, ohne Pause die Mehrgelenksübung folgt.
In unserem Beispiel:
Ein Satz Crossover, KEINE Pause, ein Satz Bankdrücken, eine bis drei Minuten Pause, ein Satz Crossover usw.
Eine hochintensive Trainingsart um neues Muskelwachstum zu erzwingen. Aufgrund der Intensivität, empfiehlt es sich, nur drei Serien von zwei Übungen auszuführen, denen maximal noch ein Supersatz zwei weiterer Übungen folgen darf.

Version 4:
Kleine Muskeln zuerst.
Normalerweise ist ein sinnvoller Trainingsplan so gestaltet, das man zuerst die großen, dann die mittleren und dann die kleinen Muskeln bearbeitet. Das wird hier auf den Kopf gestellt.
Zur Erklärung muß ich etwas weiter ausholen. Sagen wir mal man trainiert Brust, Schulter und Trizeps an einem Tag. Da Schulter und Trizeps ungefähr gleichgroß sind, ist es egal, ob man erst Schulter und dann Trizeps oder umgekehrt trainiert. Entscheidend ist folgendes: Zuerst trainiert man Trizeps und Schulter und erst dann beginnt das Brusttraining.
Natürlich kann man den Effekt noch steigern, in dem man die Übungsreihenfolge so festlegt, wie ich es in den vorhergehenden Versionen des Vorermüdungstrainings beschrieben hatte.
Das dies einen Wachstumsschub in den kleineren Muskeln mit sich bringen wird, muß ich wohl kaum extra erklären.

Powerlifting

So, meine lieben Kraftdreikämpfer, hier noch ein kurzes Kapitel über bzw. für Euch.
Für diejenigen unter den Lesern denen Powerlifting (PWL) oder Kraftdreikampf kein Begriff ist, hier eine kurze Erklärung:
PWL ist ein Sport bei dem sich alles um Kniebeugen, Bankdrücken und Kreuzheben dreht. Im Wettkampf hat man je drei Versuche für jede dieser Übung. Der korrekte Versuch mit dem schwersten Gewicht wird gewertet. Am Ende des Wettkampfs wird dann das Gesamtgewicht aus schwerster Kniebeuge + Bankdrücken + Kreuzheben errechnet. Das sogenannte „Total". Der Athlet mit dem schwersten Total hat gewonnen.
Und jetzt zu Euch, meine lieben PWL´er: Die Trainingsmethoden, die ich hier im Buch beschreibe, sind alle dazu geeignet die Kraft UND DIE MASSE eines, mehr oder weniger normalen, Sportlers zu steigern. An reinen PWL-Programmen habe ich das Westside und das 3X3 beschrieben, weil diese o.g. Kriterien erfüllen.
Die meisten, mir bekannten, PWL-Programme dienen ausschließlich dem reinen Kraftgewinn OHNE Massezuwachs. Zudem sind sie meist für eine kurze bis mittelfristige direkte Wettkampfvorbereitung ausgelegt.
Man möge also bitte verzeihen, wenn ich andere PWL-Programme nur kurz nenne oder anreiße.

Da wäre zum Beispiel das Sheiko, von Boris Ivanovich Sheiko. Dieses Programm ist vor allem für jene geeignet, die vom Training nicht genug bekommen können und/oder auf ein soziales Leben außerhalb des Gym verzichten können. Vier bis fünf Einheiten von eineinhalb bis zwei Stunden. Die Gewichte liegen meist bei 50-80%, beim Kreuzheben bis 90%.
Trainingsplan: (Sätze/Wiederholungen)
Mo: Kniebeuge 11X2-5, Bankdrücken 10X3-5, fliegende Bewegung oder Kurzhantelbankdrücken 5X10. Kniebeuge 7X4-5, Bauchmuskeln 3X10.
Mi: Kreuzheben 9X2-4, Bankdrücken 14X2-10 , fliegende Bewe-

gung oder Kurzhantelbankdrücken 5X10, Kreuzheben bis zum Knie 7X4, Goodmorning 5X5.
Fr: Bankdrücken 9X3-5, Kniebeugen 9X3-5, Bankdrücken 7X3-5, fliegende Bewegung oder Kurzhantelbankdrücken 5X10, Bauchmuskeln 3X10
Sa: Kreuzheben erhöht stehend 6X2-3, Schrägbankdrücken 6X4, Dips 5X5, Kreuzheben von kniehohen Ständern bis oben 9X2-4, Goodmorning 5X5.

Für weitere Details, rate ich dazu, sich diesen Downloadbereich anzusehen:
http://www.joeskopec.com/programs.html
Da finden sich auch Details eines Programms von Dr..: „Squat" Fred Hatfield.

Zu den Programmen von eben jenem Dr. Squat, dem Kniebeugenweltrekordler Dr. Fred Hatfield schreibe ich hier nichts. Erstens sind sie viel zu komplex, zweitens hat er selbst genügend Bücher darüber veröffentlicht.

Dann gibt es noch das Trainingskonzept von Dr. Mauro DiPasquale, einer der wichtigsten Autoren zum Thema „Anabole/Metabole Diät" und selbst mehrfacher Medaliengewinner im PWL.
Er rät dazu die drei Powerlifts zwei bis dreimal die Woche zu trainieren, jeweils ein Satz mit 5, 4, 3, 2, 1 Wiederholungen, 50-80%, jede Übung einmal die Woche den letzten Satz mit 90%. Montags Kniebeugen mit 90%, Mittwochs beim Bankdrücken und Freitags beim Kreuzheben.

Sorry, mehr weiß ich nicht über reines PWL-Training. Für diejenigen Leser, die dieses Thema vertiefen möchten, stehen im Kapitel „Das Internet" ein paar Adressen.

Die „Westside-Methode"

Powerlifter aufgemerkt: Hier handelt es sich um eines der absoluten Top-Programme für Kraftdreikämpfer.
Hört sich übertrieben an?
Dann sollte man vielleicht in Betracht ziehen, das die Powerlifter die unter Louie Simmons Tutelage (Anleitung) „arbeiten", zu den stärksten überhaupt zählen. Sie dominieren sämtliche Gewichtsklassen im amerikanischen Powerlifting, halten diverse Rekorde usw.
Dave Tate, um einen der erfolgreichen Jungs zu nennen, schreibt zwar einerseits, es gäbe keine „Westside-Methode", aber so ganz richtig ist das nicht. Denn andererseits beschreibt er das System ziemlich genau.
„Westside", das leitet sich vom Namen von Louie Simmons Hantelstudio ab, dem „Westside Barbell Club". Wer dort trainieren will, unterwirft sich Simmons´ Herrschaft, will heißen, tut was er sagt. Unnötig zu erwähnen, das hier nicht jeder trainieren darf, das das Studio nur einem eingeschränktem Kreis zugänglich ist. Das Westside wird nicht aus kommerziellen Interessen betrieben.
Alles klar?
Mensch, lest zwischen den Zeilen! Das sind Liebhaber dieses Sports.

Also, woraus besteht nun die sagenhafte Westside-Methode? Natürlich aus harter Arbeit. Hier aber auch aus smarter.
Es wird vier bis sechs Tage die Woche trainiert. Dabei wird das Training aber so gehalten, das man nie erschöpft ist.
Der Körper wird auf zwei bis drei Einheiten verteilt, ein Upper-/Lowerbody-Split.
Die erste Einheit dient der Maximalkraft.
Erst werden zwei, drei Sätze mit fünf Wiederholungen mit steigendem Gewicht (ausgehend von 40 bis 50% des maximalen Gewichts) ausgeführt. Dann folgt ein Satz von drei. Ab Hier wird jeder Satz mit nur einer Wiederholung ausgeführt, wobei jedesmal ordentlich gesteigert wird. Pausenlänge zwischen den Sätzen zwei bis drei Minuten.

Die zweite Einheit ist dem „dynamic effort" gewidmet.
Hier geht es um das Training der reinen Schnell- bzw. Reaktivkraft.
Ein Satz dauert maximal drei bis vier Sekunden(!). Dies wird erreicht mit acht bis zwölf Sätzen mit einer bis drei Wiederholungen. Zwischen den Sätzen werden nur 30 Sekunden Pause gemacht.
Natürlich werden dafür nur 50 bis maximal 65% des Maximalen Gewichtes für eine Wiederholung verwendet. Es geht nicht um maximales Gewicht, sondern darum zu ermöglichen, maximale Beschleunigung zu erreichen.
Rechnerisch brauchen Sie für zwölf Sätze z.B. Bankdrücken nur etwa sieben bis acht Minuten!
Die Pausen beim Kniebeugen und Kreuzheben dauern maximal 45 Sekunden.
Bankdrückvariationen trainiert man mit acht Sätzen von drei WH, Kniebeugenvariationen mit zehn Sätzen von zwei und Kreuzheben mit acht bis zwölf Sätzen mit nur einer Wiederholung. Wobei Simmons die Meinung vertritt, das es unnötig sei, Kreuzheben zu trainieren, wenn man die Kniebeugen ordentlich bearbeitet.
Irgendwie habe ich allerdings Schwierigkeiten zu glauben, das seine Jungs kein Kreuzheben trainieren...

Das war´s eigentlich. Verwirrt? Unverständlich?
Ich gebe mal einen ungefähren Trainingsplan vor.

DE= Dynamic Effort, MS= Maximal Strength,
UB= upper body, LB= lower body
MG= maximales Gewicht, PR= Persönlicher Rekord
 * = für den der Kreuzheben trainieren möchte

Tag 1
MS UB
Bankdrückvariante 2	3-8X1 (bis MG bzw. PR), je 3 Minuten Pause
Brustübung Masse 2	5X5
Oberer Rücken/Rudern	5X5
Schulterübung 3	3X10-12

Trapez	3X10-12
Trizeps	5X5
Bizeps	5X5

Tag2
Pause

Tag3
MS LB

Kniebeugevariante	3-8X1 (bis MG bzw. neuer PR), je 3 Minuten Pause
Kreuzhebenvariante 1	3-8X1 (bis MG bzw. PR)*, je 3 Minuten Pause
Beine Masse	3X8-12
Beinbizeps	4X6
Waden	3X10-20
Bauch	3X8-12

Tag4
Pause

Tag5
DE UB

Bankdrückvariante 1	8X3 ; je 30-60Sec. Pause
Brustübung Masse 1	5X5
Oberer Rücken/Rudern	5X5
Schulterübung 1	3X10-12
Schulterübung 2	3X10-12
Trizeps	5X5
Bizeps	5X5

Tag6
DE LB

Kniebeugenvariante 2	8-10X2 ; je 60Sec. Pause
Kreuzhebenvariante 2	8-12X1 * ; je 60Sec. Pause
Beine Masse	5X5
Beinbizeps	5X5

Waden	3X12-20
Bauch	3X8-12

Tag7
Reha und ergänzende Übungen für Schultern und Arme, evtl. Rehaübungen für Knie ODER Pause

So, jetzt ist hoffentlich alles geklärt. Wenn hier irgendwas falsch ist, oder gar unsinnig, so ist dies mein Fehler.
Vermutlich würde Louie Simmons mir einen Arm abreißen und mich damit erschlagen, wenn er das hier lesen würde.
Vielleicht auch nicht.
Jedenfalls ist das hier das, was über sein Trainingssystem außerhalb seines Studios bekannt ist, und das scheint zu funktionieren.

3 X 3 Teil II

Auch wenn ich keinerlei Ambitionen auf dem Gebiet des Kraftdreikampfes/Powerliftings habe, so bin ich doch an allem interessiert, das der Steigerung der rohen Kraft dienlich ist. So stieß ich auf einen Artikel über ein Trainingssystem namens Sheiko. In den Forumsdiskussionen mußte ich allerdings feststellen, das dieses System vor allem zur Kraftsteigerung innerhalb der selben Gewichtsklasse dient. Also keine Zunahme der Muskelmasse. Zwar bringt dieses System auch geringe Massezuwächse, aber es erfordert drei bis vier Trainingseinheiten von jeweils zwei Stunden pro Woche. Und dabei werden fast nur Kniebeugen, Bankdrücken und Kreuzheben ausgeführt. Allerdings stieß ich in den Diskussionen auf das 3X3 System, von dem die Trainierenden sagen, es brächte ordentlich Kraft und MASSE. Kurze bis mittlere Recherche und ich stieß auf eine Artikelserie von Stephan Korte.
Stephan Korte? Ist das nicht der Mann, der nach einer Krebserkrankung auf der Fibo einen Satz von 100 Kniebeugen(!) mit 100Kg ausführte? Der Autor, bzw. Coautor mehrerer Bücher zum Thema Sportnahrung?
Ja wohl.
Und sein Ansatz des 3X3 liest sich erheblich sinnvoller als der von Bertil Fox.
Und dieses System scheint bei Gewichthebern und Powerliftern schon ewig zur allgemeinen Trainingslehre zu gehören. Schon lustig, das man davon in den mit Anzeigen überladenen Magazinen kaum liest.

Zum Training:
Das System besteht aus zwei vier Wochen Phasen.
Die ersten vier Wochen dienen dem Aufbau von Masse(!) und der Perfektionierung der Technik. Je Übung werden fünf bis acht Sätze mit fünf bis sechs Wiederholungen ausgeführt. Das Gewicht beträgt etwa 58 bis 64% des Maximalen.
Die nächsten vier Wochen trainiert man dann mit 3X3 in der Kniebeuge und dem Kreuzheben, beim Bankdrücken mit fünf Sätzen à

vier. Das Gewicht ist dann 60 bis 95%.
Schon gemerkt? Man trainiert ausschließlich Kniebeugen, Bankdrücken und Kreuzheben. In der ersten Phase kann man eventuell je Trainingseinheit noch ein bis zwei weitere Übungen einbauen. Allerdings ist hier zur Vorsicht geraten, um nicht in den Zustand des Übertrainings zu geraten.
Nachdem man sein Maximalgewicht für die drei Lifts festgestellt hat, legt man sein angestrebtes Ziel fest. Für die Kniebeuge addiert man zehn Kilo, für die Bank fünf Kilo, fürs Kreuzheben sechs bis siebeneinhalb Kilo. Dies ist jetzt die Berechnungsgrundlage für das Training.
Jeder, der im Studio trainiert weiß, das es nahezu unmöglich ist, mathematisch genau um XX% zu steigern, schlicht durch die Einteilung der Gewichte. Deshalb ist das Auf oder Abrunden der Gewicht z.T. unvermeidlich.
Ums einfach zu machen nehmen wir 100Kg als aktuelles Minimum in allen drei Lifts an. Die Berechnungsgrundlage wäre dann: Kniebeuge: 110Kg; Bankdrücken: 105Kg; Kreuzheben: 107,5Kg Zur Verdeutlichung hier ein voller acht Wochen Trainingsplan.
(Wh = Wiederholungen)

Phase 1
Woche 1
Montag/Mittwoch/Freitag
Kniebeuge   5-8 Sätze X 5 Wh mit 58% von 110kg=64Kg
Bankdrücken 6-8 Sätze X 6 Wh mit 58% von 105kg=60kg
Kreuzheben   5-8 Sätze X 5 Wh mit 58% von 107,5kg=62,5Kg
Woche 2
Mo,/Mi/Fr
Kniebeuge   5-8 Sätze X 5 Wh mit 60% von 110kg=66Kg
Bankdrücken 6-8 Sätze X 6 Wh mit 60% von 105kg=62,5kg
Kreuzheben   5-8 Sätze X 5 Wh mit 60% von 107,5kg=65Kg
Woche 3
Mo,/Mi/Fr
Kniebeuge   5-8 Sätze X 5 Wh mit 62% von 110kg=67,5Kg
Bankdrücken 6-8 Sätze X 6 Wh mit 62% von 105kg=65kg
Kreuzheben   5-8 Sätze X 5 Wh mit 62% von 107,5kg=66Kg

Woche 4
Mo,/Mi/Fr
Kniebeuge   5-8 Sätze X 5 Wh mit 64% von 110kg=70Kg
Bankdrücken 6-8 Sätze X 6 Wh mit 64% von 105kg=67,5kg
Kreuzheben   5-8 Sätze X 5 Wh mit 64% von 107,5kg=68Kg

Phase 2
Woche 1
Montag
Kniebeuge   3 Sätze X 3 Wh mit 60% von 110kg=66Kg
Bankdrücken 5 Sätze X 4 Wh mit 60% von 105kg=62,5kg
Kreuzheben   2 Sätze X 1 Wh mit 80% von 107,5kg=86Kg
Mittwoch
Kniebeuge   3 Sätze X 3 Wh mit 60% von 110kg=66Kg
Bankdrücken 2 Sätze X 1 Wh mit 80% von 105kg=85kg
Kreuzheben   3 Sätze X 3 Wh mit 60% von 107,5kg=65Kg
Freitag
Kniebeuge   2 Sätze X 1 Wh mit 80% von 110kg=88Kg
Bankdrücken 5 Sätze X 4 Wh mit 60% von 105kg=62,5kg
Kreuzheben   3 Sätze X 3 Wh mit 60% von 107,5kg=65Kg

Woche 2
Montag
Kniebeuge   3 Sätze X 3 Wh mit 60% von 110kg=66Kg
Bankdrücken 5 Sätze X 4 Wh mit 60% von 105kg=62,5kg
Kreuzheben   2 Sätze X 1 Wh mit 85% von 107,5kg=91Kg
Mittwoch
Kniebeuge   3 Sätze X 3 Wh mit 60% von 110kg=66Kg
Bankdrücken 2 Sätze X 1 Wh mit 85% von 105kg=90kg
Kreuzheben   3 Sätze X 3 Wh mit 60% von 107,5kg=65Kg
Freitag
Kniebeuge   2 Sätze X 1 Wh mit 85% von 110kg=94Kg
Bankdrücken 5 Sätze X 4 Wh mit 60% von 105kg=62,5kg
Kreuzheben   3 Sätze X 3 Wh mit 60% von 107,5kg=65Kg

Woche 3
Kniebeuge   3 Sätze X 3 Wh mit 60% von 110kg=66Kg
Bankdrücken 5 Sätze X 4 Wh mit 60% von 105kg=62,5kg
Kreuzheben   1 Satz X 1 Wh mit 90% von 107,5kg=97,5Kg
Mittwoch
Kniebeuge   3 Sätze X 3 Wh mit 60% von 110kg=66Kg
Bankdrücken 1 Satz X 1 Wh mit 90% von 105kg=95kg
Kreuzheben   3 Sätze X 3 Wh mit 60% von 107,5kg=65Kg
Freitag
Kniebeuge   1 Satz X 1 Wh mit 90% von 110kg=100Kg
Bankdrücken 5 Sätze X 4 Wh mit 60% von 105kg=62,5kg
Kreuzheben   3 Sätze X 3 Wh mit 60% von 107,5kg=65Kg

Woche 4
Kniebeuge   3 Sätze X 3 Wh mit 60% von 110kg=66Kg
Bankdrücken 5 Sätze X 4 Wh mit 60% von 105kg=62,5kg
Kreuzheben   1 Satz X 1 Wh mit 95% von 107,5kg=102Kg
Mittwoch
Kniebeuge   3 Sätze X 3 Wh mit 60% von 110kg=66Kg
Bankdrücken 1 Satz X 1 Wh mit 95% von 105kg=100kg
Kreuzheben   3 Sätze X 3 Wh mit 60% von 107,5kg=65Kg
Freitag
Kniebeuge   1 Satz X 1 Wh mit 95% von 110kg=105Kg
Bankdrücken 5 Sätze X 4 Wh mit 60% von 105kg=62,5kg
Kreuzheben   3 Sätze X 3 Wh mit 60% von 107,5kg=65Kg

Die folgende Woche dient dem Maximalkrafttest oder Wettkampf. Dann kann man wieder mit Phase 1 beginnen. Während Phase 1 kann man z.B. an einem Tag zwei Sätze Dips, an einem anderen zwei Sätze Klimmzüge, an einem anderen wiederum zwei Sätze Bauchtraining einfügen. In Phase zwei würde ich die zusätzlichen Übungen streichen.

Doug Hepburn

Doug Hepburn ist, bzw. war ein Gewichtheber, der während der ersten Hälfte des 20.Jahrhunderts als einer der stärksten Männer der Welt gehandelt wurde. Bester Gewichtheber der Amerikaner und Weltmeister.
Und dabei war er nicht gerade mit den besten Startbedingungen versehen. Er wurde mit einem Klumpfuß und einem schielenden Auge, am 16.09.1926, geboren.
Was er als Gewichtheber, Powerlifter und Catcher alles außergewöhnliches leistete, will ich hier aber nicht näher beleuchten. Bei Interesse kann das jeder im Internet selbst recherchieren. Er starb am 22.11.2000.

Nun, nach unseren heutigen Standards hatte er natürlich nicht jene Art der Figur, die die meisten von uns anstreben. In diesem Zusammenhang ist es wichtig sich bewusst zu machen, das es die schlechten Ernährungsangewohnheiten sind, die Gewichtheber und Powerlifter in den höheren Gewichtsklassen so aussehen lassen, wie sie aussehen.
Setzen Sie diese Leute auf ein vernünftiges Ernährungskonzept und Sie werden staunen.
Also zurück zum Anfang: Doug Hepburn war einer der stärksten Kerle, Punktum. Er wußte auch sehr genau, wie man Kraft gewinnt und hat dies auch in Mail-Order Kursen veröffentlicht.

Das Wichtigste zuerst:
„Meistere das Gewicht!"
Damit meinte er, immer ein Gewicht zu verwenden, das man während der kompletten Bewegung kontrolliert. Wenn Sie nun meinen, das sei doch selbstverständlich, sind Sie auf'm Holzweg. Können Sie wirklich jede Bewegung an jedem beliebigen Punkt abstoppen?
Sehen Sie...
Hepburn war der Meinung das man minimal zwei, maximal sechs Trainingseinheiten pro Woche ausführen sollte.

Keinen Körperteil häufiger als dreimal je Woche, besser zweimal. Bei mehr als drei Trainingseinheiten je Woche, ist ein Upper-/Lower-Split zu verwenden. Also zwei bis drei Tage Oberkörper-, zwei bis drei Tage Beintraining.
Man sollte nie mehr als drei oder vier Übungen je Trainingseinheit verwenden. Vier Übungen nur in Ausnahmefällen.
Wenn man drei mal die Woche trainiert, verwendet man drei Übungen, die die größte Muskelmasse beanspruchen.
Hepburn war der Meinung, man solle pro Woche überhaupt nur sechs verschiedene Übungen ausführen. Und das auch nur bei mehr als drei Trainingstagen.
Als wichtig erachtet er es, gegenüberliegende Muskelgruppen stets gleich stark zu belasten.
In keinem Training an die absolute Belastungsgrenze heranzugehen, sondern langsame, gleichmäßige Steigerungen, sah er, als einzigen Weg.

Seine Lieblingsmethoden waren Singles (eine Wiederholung je Satz) und Doubles (zwei WH je Satz).
Bei allen Trainingseinheiten plant Hepburn erst eine Powerphase, der nach fünf Minuten Pause eine Pumpphase folgt.

Version 1
Power:
Man führt fünf Sätze mit nur einer Wiederholung aus.
Eine gute Daumenregel ist es, mit einem Gewicht zu beginnen, mit dem drei Wiederholungen machbar sind. Das Gewicht bleibt während aller Singles gleich.
In jeder Trainingseinheit fügen Sie nun eine Wiederholung, bzw. eine Single zu. Wenn man acht Singles bewältigt, wird das Gewicht um 5kg (für große Muskelgruppen, für kleine um 2,5kg) erhöht und man geht zurück zu fünf Singles.
Zwischen den Sätzen wird eine Pause von drei Minuten gehalten.
Pump:
Anschließend führt man mit einem Gewicht, das man acht mal bewältigt, sechs Sätze von drei Wiederholungen aus. Dieselbe Übung, jetzt nur eine Minute Pause. Im nächsten Training macht man vier

Wiederholungen im sechsten Satz. Bei der nächsten Einheit werden es vier Wiederholungen bei den letzten beiden Sätzen. Und so geht es weiter, bis in allen sechs Sätzen fünf Wiederholungen bewältigt werden. Dann wird auch hier um 2,5 bis 5Kg gesteigert.

Version 2
Power:
Man wählt ein Gewicht mit dem acht Wiederholungen möglich sind und macht acht Doubles. Im nächsten Training macht man im letzten Satz drei Wiederholungen.
Bei der nächsten Einheit sind es dann sechs Sätze von zwei und zwei Sätze von drei Wiederholungen. So wird in jedem Training eine Wiederholung mehr ausgeführt bis man in allen acht Sätzen drei Wiederholungen bewältigt. Erst dann wird das Gewicht um 2,5kg für kleine, 5kg für große Muskelgruppen gesteigert und man beginnt wieder bei acht mal zwei.
Die Pausenlänge beträgt drei Minuten.
Pump:
Jetzt wird das Gewicht um 20% verringert. Damit werden drei Sätze von sechs Wiederholungen ausgeführt. Das Nächste mal steigert man auf zwei mal sechs und einmal sieben. Dann folgt einmal sechs und zwei mal sieben.
Wenn man alle drei Sätze mit acht Wiederholungen bewältigt, wird das Gewicht um 2,5kg erhöht. Natürlich beginnt man erneut mit drei mal sechs. Die Pausen sollten eine Minute dauern.

Als Tabelle:

	Sätze	Wiederholungen	Pause
Version I			
Powerphase	5 – 8	1	3 Min.
Pumpphase	6	3 – 5	1 Min.
Version II			
Powerphase	8	2 – 3	3 Min.
Pumpphase	3	6 – 8	1 Min.

Bei beiden Variationen, läuft die Steigerung von Power und Pumpphase synchron, d.h. wenn das Gewicht in der Powerphase gesteigert werden kann, ist dies normalerweise auch in der Pumpphase der Fall. Version eins ist ein Programm, das stärker auf reinen Kraftgewinn abzielt, mit Variation zwei ist auch ein gerüttelt Maß an Masse aufzubauen.

Jetzt hör´ ich schon viele verächtlich pfeifen und rumnölen, von wegen, das es ja ganze acht bis neun Wochen dauert das Gewicht um-5kg zu steigern.
Aha, hm.
Hand aufs Herz: Um wieviel steigern Sie den Ihr Maximalgewicht in zwei Monaten normalerweise?
Fünf Kilo in zwei Monaten sind 30Kg pro Jahr. Meiner Beobachtung nach, schaffen die wenigsten das wirklich kontrolliert. Sicher, es gibt Leute die schaffen mehr. Aber in den meisten Fällen, wird dabei die Technik immer lumpiger und es wird immer mehr des Gewichtes vom Helfer gehoben.

Ach und weil es so schön ist, hier noch eine Variation die von seinen Programmen inspiriert ist, und alle seine Maßgaben befolgt.

Power:
Das Gewicht sollte etwa 90-95% des Maximalgewichts liegen oder besser womit zwei bis drei Wiederholungen locker gehen. Nun macht man drei Singles. In jedem Training steigert man um einen Single bis man acht Singles bewältigt. Dann wird das Gewicht um 2,5 bis 5kg gesteigert und man beginnt wieder bei drei Singles.
Pump:
Das Gewicht sollte dann ca. 75-80% des Maximalgewichtes sein. Fünf Sätze von vier Wiederholungen. Im Nächsten Training vier mal vier und ein mal fünf, dann drei mal vier und zweimal fünf. Bei erreichen von fünf mal fünf wird das Gewicht um 2,5 bis 5kg gesteigert. Und wie immer von vorne begonnen.
Mit der Variante sollte Kraft und Masse gleichermaßen wachsen.

Als Tabelle:

	Sätze	Wiederholungen	Pausen
Powerphase	5 - 8	1	3 Min.
Pumpphase	5	4 – 5	1 Min.

Verrücktes Training und Spezialtechniken

Verrückt ist relativ

Was, geehrter Leser, könnte der Autor, damit wohl meinen?
Kennen Sie den alten Spruch „Was des einen Nachtigall, ist des anderen Uhl"?
Für Verfechter gesundheitsorientierten Trainings ist <u>alles</u> was ich in diesem Buch beschreibe, verrückt.
Im Wortsinne haben sie sogar recht. Ver – rückt = neben der Norm, also außerhalb der Norm und somit <u>überdurchschnittlich</u>.
Genau das wollen wir doch alle sein: Überdurchschnittlich.
Allerdings meinen die Gesundheitsapostel wohl eher „bescheuert".
Ich denke damit kann ich leben. Diese Leute meinen, man sollte nie in den Schmerz hineinarbeiten, sich nie Gewalt antun.
Aha.
Und was, bitte schön, soll das dann bringen?
Irgendwann kommt dann nämlich die Stagnation und die erträumten Muskelberge werden so nie aufgebaut. Dafür muß man sich bedauerlicherweise ständig selbst überwinden, sich quälen, sich Gewalt antun und sogar oft in den Schmerz hineingehen.
Der (anstrengungsbedingte) Schmerz sei Dein Freund und Meister!

Nun wurde schon in vorherigen Kapiteln die Meinungsverschiedenheit zwischen der EinSatzIstGenug-Fraktion und der MehrSatz-Partei beleuchtet. Man hält sich gegenseitig für verrückt. Obwohl beide Fraktionen recht haben.
Damit sollte doch deutlich gezeigt sein, das das Wort „Verrückt" im Zusammenhang mit Training völlig daneben gegriffen ist. Es gibt nur gutes und schlechtes Training. In diesem Buch geht es größtenteils um die besseren Trainingsmethoden und Pläne.
Natürlich sind manche Trainingspläne nicht als Dauereinrichtung geeignet, wären kontraproduktiv. Aber als „Rule-Breaker", als Weckruf an die eigene Hingabe und Leidenschaft sind sie bestens geeignet. Manche Pläne sind „mucho Macho".
Na und?
Wenn Sie solche Einheiten hinter sich haben, überlebt haben, gehen Sie mit erstarktem Selbstvertrauen in die nächste, „vernünftigere"

Trainingsphase. Oft sind Sie stärker. Ob Sie nun eine Woche jeden Tag den ganzen Körper mit den gleichen Übungen belasten, eine Zeit lang nur mit Einzelwiederholungen arbeiten oder jeden Körperteil nur einmal die Woche für eineinhalb bis zwei Stunden „kochen", ist egal.
Der Weightroom ist ein Dschungel, es gibt keine Regeln und keine Verbote (außer den Anstandsregeln und der Hausordnung).
Gönnen Sie sich alle drei Monate mal ein oder zwei Einheiten oder sogar Wochen, wo Sie „verrückt" werden.

Alles, was Ihre Leidenschaft und Motivation erfrischt, ist gut.
Damit Basta -fürs erste.

„Super Squats" (und Peary Rader)

Yeah! Ein Oldie but Goldie!
Die Geschichte dieses Trainingskonzepts reicht bis in die graue Vorzeit des Eisensports zurück. Naja, nicht ganz. Aber wenigstens bis in die 1920´/40´er Jahre.
Das erste Mal darauf aufmerksam wurde ich durch das Buch „Super Squats" von Randall J. Strossen. Wenn man allerdings etwas Internetrecherche betreibt, stößt man des öfteren auf diesen Plan, wo immer es darum geht schnell Masse aufzubauen. Und er wird in der Fachjournalie nach wie vor sehr gelobt.
Nicht ohne Grund. Er wirkt, Punkt!
Zurück geht der Plan auf Joseph Conrad Hise, Mark Berry und Peary Rader, dem Gründer des „Ironman" -Magazin. Bekannt wurde es allerdings vor allem durch Peary Rader, der noch ein paar andere gute Programme entwickelte. Dazu später mehr.

Das Basiselement ist ein Satz Kniebeugen von 20 Wiederholungen, zwei bis drei mal die Woche ausgeführt. Hört sich sehr simpel an, nicht wahr?
Hm, nur hier steckt der Leibhaftige im Detail, bzw. in der Praxis.

1. Sie nehmen ein Gewicht mit dem Sie gut zehn tiefe Beugen machen können. Nun machen Sie 20. Und zwar korrekte, tiefe Kniebeugen. Tief bedeutet kontrolliert runter zu gehen bis die Beinbizeps leicht die Waden berühren.
2. Vor jeder Wiederholung atmen Sie ein bis zweimal tief durch (die ersten 5-10WH), dann mindestens dreimal. Ab der 15 Wiederholung schnaufen Sie sowieso wie eine alte Dampflok.
3. Bei jeder Trainingseinheit erhöhen Sie das Gewicht um 2,5 Kg.

Sehen Sie das Licht...?
Das ist nicht das Ende des Tunnels. Nein, wenn Sie ernsthaft so an sich arbeiten, werden Sie merken das das der Güterzug ist, der auf

Sie zu rast und Sie jedes mal am Ende des Satzes rammt.

Natürlich ist dieser eine Satz Kniebeugen nicht alles was Sie im Training machen. Das wäre ja auch viel zu leicht. Tun Sie gefälligst was für Ihr Geld. Und zwar WEIL SIE ES WOLLEN!

Also, aufgrund der Erschöpfung die aus diesem Satz erfolgt, sollten Sie ihn am Ende eines Ganzkörpertrainings setzen. Oder sie führen diesen Satz am Anfang des Trainings aus (natürlich nach gutem Aufwärmen) und machen dann erst mal fünf Minuten Pause, ehe Sie fortfahren.
Die restliche Trainingseinheit setzt sich aus einer Grundübung für jeden der Hauptmuskeln zusammen.
Vergessen Sie Spezialübungen. Hier geht es um den Aufbau roher Masse.
Verschiedene Autoren sind der Auffassung, das der Plan noch besser wirkt, wenn Sie ohne Pause auf die Kniebeugen einen Satz von 20 Kurzhantelüberzügen (gestreckte Arme, quer über die Bank liegend ausgeführt) folgen lassen. Begründet wird dies mit der Hypothese, das damit der Umfang des Brustkorbs erhöht wird (durch die extreme Dehnung). Hierüber herrscht Uneinigkeit in der Szene. Die einen sagen, ja das funktioniert, die anderen sagen, das wäre Unsinn oder Quatsch.
Ob oder ob nicht, da bin ich mir selbst uneinig. Persönlich ziehe ich es vor, die Überzüge zu machen. Mein Vorschlag lautet: Probieren Sie es vier Wochen mit Überzügen. Wenn sich Ihr Brustumfang nicht verändert hat, können Sie ja die Überzüge das nächste mal wenn Sie diesen Plan mal wieder für längere Zeit befolgen, weglassen.

Hier mal zur Verdeutlichung ein Beispielplan, der die Grundprinzipien nach Strossen einhält. Sie Trainieren Montag, Mittwoch und Freitag. Sie wechseln immer zwischen Plan A und B hin ab.

<u>A</u>
Bankdrücken
Langhantelrudern je 2 X 12

stehende Millitarypress
Kurzhantelshrugs je 2X12

Dips
enge Klimmzüge je 4X6

Wadenheben stehend 2X12-20

Kniebeuge
im Supersatz mit Überzügen je 1X20

Kreuzheben mit gestreckten Beinen
im Supersatz mit Überzügen je 2X12

<u>B</u>
Dips
breite Pullups je 4X6

Kurzhantelschulterdrücken
Langhantelshrugs je 2X12

enges Bankdrücken
Langhantelcurls je 2X12

Wadenheben stehend 2X12-20

Kniebeuge im Supersatz mit
Überzügen je 1X20

Kreuzheben mit gestreckten Beinen im Supersatz mit
Überzügen je 1X15

Der Plan ist „very Basic". Aber führen Sie in aus und Sie werden merken, das er bereits das maximale an Sätzen und Übungen enthält, was Sie sich zumuten können.

Es gäbe noch eine Variation des „B" -Plans, die auch gute Ergebnisse bringt.

Ersetzen Sie hier an den „B"-Tagen die Kniebeugen durch „richtiges" Kreuzheben, also jene Version die in Wettkämpfen Verwendung findet. Mit gebeugten Knien und dem engen Stand. Das würde bedeuten Sie machen einen Satz Kreuzheben von 20 entzückenden Wiederholungen, auf den ein Satz von 20 Überzügen folgt.
Das Kreuzheben mit gestreckten Beinen fällt dann allerdings flach.

Hier sind wieder bei Peary Rader. Er entwickelte für den Masseaufbau einen Trainingsplan, der sich um einen Satz Kreuzheben mit hohen Wiederholungszahl zentriert.

Natürlich steht es Ihnen frei, das Kreuzheben in Sumotechnik (breiter/gegrätschter Stand) auszuführen. Allerdings ist die allgemeine Auffassung, das der breite Stand für den Masseaufbau längst nicht das leistet, was der enge Stand bringt. Rader selbst nutzte und empfahl Kreuzheben mit engem Stand und so tief gebeugten Knien, das man den Rücken sehr auf-recht halten kann. Hierdurch wird die Belastung des Rückens gemindert und auf die Oberschenkel verlagert.
Das Kreuzheben wird ähnlich ausgeführt wie die Kniebeugen, d.h. als Einzelwiederholungen. Nach jeder Wiederholung läßt man die Hantel am Boden liegen, richtet sich auf, atmet drei mal tief ein und nimmt dann die nächste Wiederholung in Angriff.
Dazu gab es ein Programm, bestehend aus Grundübungen:
Kurzhantelüberzüge im Supersatz direkt anschließend den Kniebeugen oder dem Kreuzheben folgend, ein Satz von 20.
Dann Bankdrücken, vorgebeugtes Langhantelrudern, stehendes Langhanteldrücken, Langhantelcurls und Situps für jeweils einen Satz von zehn bis zwölf Wiederholungen. Wenn man mit einem Satz keinen Zuwachs mehr erreicht, kann ein zweiter Satz jeder Übung erfolgen. Sollte dann irgendwann kein Zuwachs mehr erfolgen, kann evtl. noch ein dritter Satz erfolgen. Aber nur im Ausnahmefall. Bei den Kniebeugen und dem Kreuzheben empfahl Rader, entweder
einen Satz von 20, zwei Sätze von 15 oder zwei bis drei Sätze von zehn Wiederholungen auszuführen.

Rader hatte noch ein Aufbauprogramm entwickelt, das auf olympischen Stoßen (Clean & Jerk) basiert. Da Rader das Stoßen als jene Übung erachtete, die den Körper am meisten fordert und die jeden Muskel belastet, bestand dieses Programm aus lediglich zwei Übungen. Es besteht aus drei Sätzen Stoßen jeweils im Supersatz mit 15 Kurzhantelüberzügen. Das Gewicht wird von Satz zu Satz verringert.

Als Tabelle:
Stoßen   1 X 12
Überzüge 1 X 15
drei Minuten Pause
Stoßen   1 X 10 -12
Überzüge 1 X 15
drei Minuten Pause
Stoßen   1 X 15 – 18
Überzüge 1 X 15

Das stoßen wird natürlich auch in Form von verknüpften Einzelwiederholungen ausgeführt. Man läßt nach jeder Wiederholung die Hantel am Boden, richtet sich auf und macht drei bis sechs tiefe Atemzüge und führt dann die nächste Wiederholung aus.

Mir ist nicht bekannt, wie sich Peary Rader dazu stellte, allerdings läßt sich vermuten, das er folgenden Ansatz durchaus als bedenkenswert finden würde. Der Ansatz wäre alle drei Programme synchron zu nutzen. Das würde bedeuten Montags das Kreuzhebenprogramm zu trainieren, Mittwochs das Kniebeugenprogramm und Freitags das Stoßenprogramm zu nutzen.
Wenn man diesen Ansatz nutzen möchte, sollte man die Kniebeugen und das Kreuzheben grundsätzlich mit einem 20 Wiederholungen Satz trainieren.

Der Vorteil all dieser Programme liegt in der Kürze die das Training in Anspruch nimmt. Keines der Programme sollte mehr als ca. 45 Minuten in Anspruch nehmen. Ihre Effektivität hinsichtlich des Muskelaufbaus haben diese Programme im Verlauf der vielen Jahre mehr als ausreichend bewiesen. Das sie nicht so übermäßig populär sind, liegt darin, das sie harte Arbeit verlangen. In unserer heutigen Zeit, mit unseren Studios voller toller Hightech-Trainingsgeräte, erscheinen diese Programme unsexy. Da man sich ja heute schon schämt, wenn man leicht transpiriert, sind diese Programme, bei denen man im eigenem Schweiß zu ertrinken droht, nicht beliebt.

Tja, leider lassen sich Muskeln nicht ohne reichliches Schweißvergießen nicht aufbauen.

Die Tabata-Methode

Hmm, das ist ein Leckerbissen.
Ein Leckerbissen für die Masochisten unter uns.

Es handelt sich hierbei nicht unbedingt um eine Methode für die Entwicklung maximaler Kraft oder für maximalen Muskelaufbau. Zu allervorderst handelt es sich bei dieser Methode um einen Turbolader für Fettverlust und allgemeine Fitness. Nebenbei wird auch so ein bisserl Kraft aufgebaut, bzw. die Grundlage für neuen Kraftgewinn gelegt. Und selbst wenn Sie damit nur wenig zusätzliche Masse aufbauen, so wird der Zuwachs durch den fossierten Kraftaufbau, genauso wenig enttäuschen, wie der Fakt Fett loszuwerden ohne die geringste Masseeinbuße hinnehmen zu müßen. Außerdem werden Sie Fit ohne sich mit stundenlangem aeroben Training anöden zu müßen.
Im Gegenteil es geht nur um ... VIER MINUTEN.
240 Sekunden, das ist doch nicht zu viel verlangt, oder? OK, zugegeben, es sind 240 Sekunden in der Hölle ...

Ausführung:
Trainiere mit dem Auge in Blickrichtung auf eine Uhr mit Sekundenzeiger.
Jetzt werden so viele Wiederholungen ausgeführt wie in 20 Sekunden zu bewältigen sind. 10 Sekunden Pause. Wieder so viele Wiederholungen wie in 20 Sekunden gehen, 10 Sekunden Pause und weiter. Insgesamt acht 20 Sekunden-Phasen sollten Sie in den vier Minuten bewältigen. Danach dürfen Sie kollabieren oder kotzen gehen oder was Ihnen liegt ...

Natürlich geht das nicht mit allen Übungen. Geeignet sind hier Frontkniebeugen, Thrusters, Kreuzheben mit gestreckten Beinen.
Das System ist vor allem für Übungen geeignet die viele Muskeln gleichzeitig belasten. Aus Sicherheitsgründen ist hier von Kreuzheben, von normalen Kniebeugen oder Bankdrücken abzuraten. Außerdem dauert da das Ablegen der Hantel zu lang. Die Pause würde über 20 Sekunden ausgedehnt, was dem Zweck und Sinn der Methode zu

wieder handeln würde.

Das Gewicht sollten Sie übrigens sehr stark anpassen. Nehmen Sie maximal ein Fünftel Ihres Maximalgewichtes. Das heißt 20kg wo Sie üblicherweise 100kg bewältigen. Scheuen Sie sich nicht anfangs sogar weniger zu nehmen.

Übrigens sollte die Tabata-Methode nicht öfter als für eine oder zwei Vier-Minuten-Session je Woche verwendet werden.

Teilwiederholungen

Das sind eigentlich schon fast zwei, nein sogar drei, Kapitel. Teilwiederholungen sind ein Konzept das so alt ist, wie der Eisensport an sich. So wird es nicht verwundern, das es da sehr unterschiedliche Konzepte gibt.

Das übliche ist es, was viele Trainierende tun, nämlich Wiederholungen über einen verkürzten Bewegungsspielraum auszuführen um mehr Wiederholungen mit mehr Gewicht zu packen. Der Ansatz ist schon gut, wenn, ja wenn, die meisten nicht auch noch so eine gruselige Technik verwenden würden und man noch erkennen könnte, was da gerade für eine Übung ausgeführt wird. Leider ist das meist nicht mehr zu erkennen.

Grundsätzlich setzen Teilwiederholungen, damit sie was bringen, voraus, das die Übungen korrekt ausgeführt werden. Nur halt eben mit verkürztem Spielraum, so das man schon mehr Gewicht als sonst bewältigt. Die Oldtimer, also Bodybuilder der 40'er bis 60'er Jahre haben auch schon viel so trainiert.

Heavy-Light 1:
Hier führte man erst einen Satz Teilwiederholungen mit schwerem Gewicht aus, dann folgte ein Satz vollständiger Wiederholungen über größtmöglichen Spielraum mit leichterem Gewicht.

Heavy-Light 2:
Erst führte man mehrere Sätze Teilwiederholungen mit schwerem Gewicht und niedrigen Wiederholungen aus. Auf diese folgten dann noch ein paar Sätze vollständige Wiederholungen derselben Übung mit leichtem Gewicht und hoher Wiederholungszahl.

Heavy-Light 3:
Einen Tag arbeitet man nur mit niedrigen Wiederholungszahlen, schwerem Gewicht und Teilwiederholungen. Am folgenden Trainingstag für den selben Muskel, nimmt man weniger Gewicht, den vollen Bewegungsspielraum und hohe Wiederholungen.

21'er:
Man teilt eine Übung in eine untere und eine obere Hälfte. Zuerst führt man sieben Wiederholungen in der unteren Hälfte aus, dann folgen, ohne Pause, sieben Wiederholungen in der oberen Hälfte und dann führt man schließlich noch, wieder ohne Pause, noch sieben vollständige Wiederholungen aus.
Das pumpt außerordentlich.

Burns:
Das sind Teilwiederholungen am Ende eines Satzes wenn man keine vollständigen Wiederholungen mehr schafft. Mike Mentzer führte gerne seine Sätze so weiter, wenn nichts mehr ging. Man sollte dies allerdings nicht ständig, mit jeder Übung und bei jedem Satz tun, den sonst führen Burns zu einem recht schnellem Burnout.

Eineinhalber 1:
Man führt immer erst eine halbe Wiederholung im unteren Teil einer Übung aus, bevor man eine vollständige Wiederholung durchführt. Zusammen ist das eine Wiederholung.

Eineinhalber 2:
Auf jede vollständige Wiederholung folgt eine halbe, in der oberen Hälfte der Bewegung. Zusammen zählen sie als eine Wiederholung.

Es gibt da wohl noch mehr Techniken bzw. wohl eher mehr Bezeichnungen (da es doch meist die selben Techniken sind).
Teilwiederholungen (Partials) sind ein hochwirksames Mittel um Plateaus zu überwinden und Ergebnisse zu erzielen. Sie sollten nur nicht die einzige Trainingsform sein.
Louie Simmons z.B. verwendet im Training seiner Athleten Partials mit großem Erfolg. So läßt er seine Athleten fürs Bankdrücken mit Floor Presses oder Board Presse arbeiten. Beide Übungen haben stark verkürzte Spielräume.
Andere Verfechter der Teilwiederholungen sind die Kraftsportautoren John Little und Pete Sisco. Gegen Mitte der 90'er machten sie ein gewissen Foror mit einem Buch namens „Powerfactor Training". Siehe dazu das gleichnamige Kapitel.

Was spricht gegen ein Training, das ausschließlich aus Partials besteht? Ein Trainer der Extraklasse ist erheblich qualifizierter diese Frage zu beantworten: Charles Polequin. Er beantwortete mal eine Frage, die sich auf „Power Factor Training" bezog. Zusammengefasst antwortete er, das Partials ein wichtiger Bestandteil des Trainings sei, aber niemals exklusiv. Es gäbe Hinweise das die Fähigkeit zur Kraftausübung über den kompletten Bewegungsspielraum verloren würde, die generelle Verletzungsgefahr zunimmt und auch die spezielle (Footballer u.ä.), wenn man ausschließlich mit Teilwiederholungen arbeitet. Er nennt noch ein paar Gründe, doch auch so sollte jedem klar sein das man nie, ausschließlich nur mit Partials trainieren sollte.

Power Faktor Training

Power Faktor Training (PFT) ist ein Trainingskonzept aus den USA. Woher auch sonst...
Es gibt ein gleichnamiges Buch der Kraftsportautoren John Little und Pete Sisco. Am besten betrachtet man es im Zusammenhang mit dem Buch „Static Contraction Training" (SCT) der gleichen Autoren. PFT stützt sich in erster Linie auf die maximale Überlastung der Muskeln. Dies wird erreicht durch schwerste Gewichte die über verkürzte Bewegungsspielräume bewegt werden. Dabei kann es sich schon um Gewichte von 130% und mehr dessen handeln, was man für gewöhnlich nimmt, wenn man vollständige Bewegungsspielräume nutzt. Diese Teilwiederholungen werden als „Powerpartials" betitelt.
Bei SCT geht es darum, Gewichte die z.T bei 200% des Üblichen liegen, „einfach" nur zu halten.
Allerdings gibt es da doch sehr viele Details zu beachten, in beiden Fällen. Wäre ja auch sonst zu einfach.
Wie bereits im Kapitel über Teilwiederholungen erklärt, führt ein Training das ausschließlich aus Partials besteht, evtl. zu einem Verlust der Kraftfähigkeiten außerhalb dieses kleinen Bewegungsspielraums und zu einer erhöhten Verletzungsanfälligkeit.
Ist PFT also sinnlos? Mitnichten. Zwar wird in dem Buch dazu geraten Partials in allen Übungen zu nutzen. Ausschließlich Partials. Ferner wird in Tabellen angegeben, mit welchem Gewicht man wieviel Wiederholungen mit halben, Drittel- oder Viertelwiederholungen machen soll.
Außerdem wird das Training beschränkt auf etwa fünf Übungen je Training, mit etwa einem bis fünf Sätzen jeweils.
Es wird ein A und ein B Workout abwechselnd ausgeführt.

A
Schultern
Trapezius
Trizeps
Bizeps

Bauch

B
Unterer Rücken
Brust
Oberer Rücken
Oberschenkel
Waden

Als Übungen werden nur „big-Money"-Übungen gewählt, also Grund- bzw. Mehrgelenksübungen.
Die Partials werden im stärksten Teil der Übungen ausgeführt, also etwa fünf bis 15 Zentimeter unterhalb des Lockouts bis kurz vor Lockout. Bei Kniebeugen und allen Pressbewegungen. Beim Kreuzheben dürften es die letzten 10 bis 20 Zentimeter vor Aufrichtung sein. Für Klimmzüge die letzten 10 bis 20 Zentimeter bevor die Ellenbogen gestreckt sind. Beim Bizeps die oberen fünf bis 15 Zentimeter der Curlbewegungen.
Wo genau für jeden einzelnen der wirklich stärkste Teilbereich liegt, muß jeder selbst herausfinden, bevor er zu den schweren Gewichten greift. Oben genanntes sind nur ungefähre Hinweise. Spätestens hier dürfte jedem Deppen einleuchten, warum vollständige Übungsabläufe ein Muß sind. Es dürfte wohl jedem klar sein, das man die Kraft solch kurzer Bewegungen nicht mit der Kraft über volle Bewegungsabläufe vergleichen kann. Es ist deshalb ratsam immer vorher noch ein, zwei Sätze mit vollen Wiederholungen zu machen. Richtige ernstzunehmende Arbeitssätze, nicht Aufwärmsätze. Wenn man dies beachtet ist gegen PFT nichts einzuwenden.

Für SCT werden die gleichen Trainingspläne empfohlen.Das Gewicht wird hier an einem sogenannten „Sweet Spot" gehalten. Diesen Sweet Spot muß man selbst ermitteln. Es ist der stärkste Punkt in dem Bewegungsbereich der oben bereits beschrieben wurde. Es sollte ein Punkt sein, wo der Muskel extrem stark ist, aber noch richtig hart arbeiten muß.
Dort hält man für fünf bis zehn Sekunden das Gewicht. Davon führt man als Einsteiger einen bis drei, Fortgeschrittene bis fünf Serien

aus. Sobald sie mindesten drei Serien von zehn Sekunden schaffen, wird das Gewicht erhöht.
Was für PFT gilt, gilt auch hier: Ein paar ernstzunehmende Arbeitssätze mit vollständigen Wiederholungen direkt nach den Aufwärmsätzen, am Anfang des Trainings. Dann gibt es gegen SCT nichts einzuwenden.

Es ist völlig klar das PFT nur im Powerrack ausgeführt werden kann. Alles andere wäre mit den angepeilten Gewichten glatter Selbstmord.
SCT kann man nur im Powerrack mit Helfern ausführen, da das nötige Gewicht alleine nicht in die richtige Position zu schaffen ist.
Was mich an diesem Trainingssystem stört, ist die Notwendigkeit eines Powerracks. Ein Gerät das kaum ein Studio hat und das man Trainingspartner braucht.
Ich ziehe Trainingspläne vor, welche möglichst wenig Equipment und keinen Trainingspartner brauchen. Diese sind in der Regel besser, praktischer und nicht selten auch effektiver.
Wen der Aufwand des PFT nicht stört, der wird hierin vielleicht ein sinnvolles System finden.

X-Reps

Es handelt sich hier um ein System das entwickelt wurde von dem Kraftsportautor und Ironman Redaktionsmitglied Steve Hollman.
Bei X-Reps dreht es sich um eine weitere Variante der Teilwiederholungen. Genauer um jene Technik, die in diesem Kapitel mit „Burns" betitelt ist. Sie erinnern sich, Teilwiederholungen am Ende eines Satzes mit vollständigen Bewegungen.
So weit so gut, nur ganz so einfach isses mal wieder nicht.
Ähnlich wie beim Power Factor Training gibt es bei X-Reps einen speziell definierten Spielraum. Dieser befindet sich um einen Punkt in der Bewegung der auch hier mit „Sweet Spot" bezeichnet wird.

Zur Ausführung gibt es auch mehrere Anmerkungen zu machen:
- X-Reps werden nicht an jeden Satz angehängt um ein Ausbrennen zu vermeiden. Zuerst wird ein normaler Arbeitssatz ausgeführt, dann folgt ein Satz mit angehängten X-Reps. Evtl. noch ein Satz ohne X-Reps
- In dem Satz mit X-Reps, führt man solange normale Wiederholungen aus, bis man fühlt das nur noch eine geht. Statt dieser führt man nun drei bis fünf Partials um den Sweet Spot aus.
- Die mit X-Reps betitelten Partials sind Bewegungen von etwa zehn bis 25 Zentimeter.

Eine Auflistung der Spielräume bzw. „Sweet Spots" in einer Auswahl von Übungen darf da natürlich nicht fehlen.

Kniebeuge: Knapp unterhalb bis knapp über der Parallelstellung der Oberschenkel zum Boden

Beinstrecken: Etwa die Hälfte bis zur völligen Streckung

Beincurls: Da gibt's zwei. Einmal von kurz bis zur Streckung bis zur Mitte. Und Mitte bis zur Maximalkontraktion

Kreuzheben mit gestreckten Beinen: Kurz unterhalb bis knapp oberhalb der Knie.

Bankdrücken: Die Mitte zwischen Brustberührung und dem Mittelpunkt der Bewegungen

Fliegende Bewegung, Pullover, Klimmzüge, Rudern, Curls, Trizepsübungen, Dips, Sissy-Kniebeugen: Knapp oberhalb der maximalen Dehnung bis zur Mitte der Bewegung

Wadenheben: Ganz unten bis zur Mitte

Handgelenkcurls: um den Mittelpunkt herum

Steve Hollman paart gerne X-Reps mit einer anderen Methode, die er bekanntmachte, den „Position of Flexition", kurz POF. Dafür gibt's ein eigenes Kapitel

POF-Training

„POF" ist die Abkürzung für „Position of Flexition". Unter diesem Titel veröffentlichte der Kraftsportautor und Ironman-Redaktionsmitglied Steve Hollman eine Artikelserie im Ironman. Auch in mehreren seiner Bücher beschrieb er diese Technik. Er hat sie nicht erfunden, viele erfolgreiche Bodybuilder verwendeten sie schon früher. Aber, Ehre wem Ehre gebührt, Hollman gab dieser Technik ein methodisches Fundament und einen Namen.

Worum geht es also?
Es geht um eine Technik, bei der man jeden Muskel aus drei Belastungswinkeln bearbeitet. Diese sind:
- die mittlere Position. Dies ist jene Position, in der die meiste Kraft liegt.
- die gestreckte Position, in der der Muskel maximal gedehnt ist.
- die kontrahierte Position, in der der Muskel maximal angespannt ist.

Die Übungen für die mittlere Position sind für Gewöhnlich die Mehrgelenksübungen. Also jene, welche man auch als Grundübungen oder Big-Money-Exercises bezeichnet:
Kniebeugen, Beinpressen, Kreuzheben, Kreuzheben mit gestreckten Beinen, alle Bankdrück-, Klimmzug-, Rudervarianten, alle Varianten des Drückens für die Schultern, stehende Curlvarianten, liegende Trizepsdrückvarianten, Dips

Die Übungen für die gedehnte Position:
Sissy-Kniebeugen, Kreuzheben mit gestreckten Beinen, fliegende Bewegung, Crossover, Kurzhantelbankdrücken, Pullover, Rudervarianten, Schrägbankcurls, Trizepsübungen über dem Kopf, Dips

Die Übungen für die Kontrahierte Position:
Beinstrecken, Beincurls, Crossover, Fliegende Bewegung an der Maschine, alle Rückenübungen bei denen zuletzt die Ellenbogen hinter dem Körper sind, Rudern aufrecht, Seitheben am Kabel oder der Ma

schine, Konzentrations, Scott-, Maschinencurls, Kickbacks, einarmiges Pressdowns

Hollman baut einen guten Teil seiner Trainingsprogramme rund um POF auf. Es gibt „EinSatzIstGenug"-Programme, wie auch Varianten mit zum Teil mehreren Sätzen in der mittleren Position und je einen Satz in der gestreckten und der kontrahierten Position. In manchen seiner Programmen rät Hollman dazu, die mittlere Position in einem Training, und die gestreckte sowie die kontrahierte in einem zweiten Training auszuführen. Bei anderen Programmen führt man alle Positionen in einem Training aus, trainiert dafür jeden Muskel weniger häufig.

Als Beispiel für die Variationen mag uns das Brusttraining dienen.

Ein-Satz-Training mit POF, ein- bis zweimal die Woche:
Fliegende Bewegung im Supersatz mit Bankdrücken, nach etwa ein bis zwei Minuten Pause folgt ein Satz Crossover mit dreimaliger Reduktion des Gewichtes.

Mehrsatztraining mit POF, einmal je Woche:
Bankdrücken, drei bis fünf Sätze, Crossover, drei Sätze

Mehrsatztraining mit POF, zweimal die Woche:
Training 1: Bankdrücken, drei bis fünf Sätze
Training 2: Kurzhantelbankdrücken, drei Sätze, Crossover, zwei Sätze

Es gibt noch mehr Variationen POF zur Anwendung zu bringen. Hollman koppelt POF gerne noch mit X-Reps.

Grundsätzlich ein nützliches System, das durchaus bemerkenswerte Resultate erbringt. Für den Trainingsalltag ist es jedoch nicht dauerhaft geeignet. Erheblich besser eignet es sich meiner Meinung nach, wenn man bereits große Masse und Kraft aufgebaut hat und Schwachstellen, optischer oder krafttechnischer Art, bearbeiten möchte. Auch in der Vorbereitung auf einen Bodybuildingwettkampf dürfte POF Sinn machen.

Abladen

Noch ein „Oldie but Goldie".
Die Herkunft dieser Spezialtechnik verliert sich irgendwo in der Geschichte des Eisensports. Die meiste Verwendung findet sich in den Trainingsplänen, die nur einen oder zwei Sätze je Muskel vorsehen.
Abladen, Dropsets, down-the-rack, Stripdown sind alles Namen, die sich in der Literatur finden und doch nur die Technik des Abladens meinen.
Kurz gesagt bewegt man ein Gewicht bis man es nicht mehr bewegen kann, verringert dann das Gewicht, um dann OHNE Pause fortzufahren. Selbstredend gibt es hier soviel unterschiedliche Variationen, wie es Bodybuilding-Autoren gibt.
Der methodischste Ansatz, ist eine Verringerung um jeweils 20-30%, zwei bis drei Gewichtsverringerungen je Satz/Übung. Eine gute Verwendung ist es, diese Technik im letzten Satz für einen Muskel zu nutzen, um diesen bis zum Bersten aufzupumpen. Natürlich muß man dann die Gesamtzahl der ausgeführten Sätze etwas verringern.
Es steht Ihnen auch frei z.B. ein Brusttraining z.B. einmal so anzulegen, das Sie nur einen Satz Kurzhantelbankdrücken und einen Satz Fliegende mit der Kurzhantel ausführen. Dabei trainieren Sie Down the Rack, d.h. Sie fangen mit dem schwersten Hanteln an, mit denen Sie beispielsweise fünf Wiederholungen bewältigen. Nach diesen, nehmen Sie sofort die nächst leichteren und arbeiten sich den Kompletten Kurzhantelständer herunter. Glauben Sie mir, mehr ist absolut nicht nötig.
Auch für die Technik des Abladens gilt, das es eine sehr anstrengende und fordernde High-Intensity Technik ist, die nur für eingeschränkten Gebrauch geeignet ist. Für diese und übrigens ALLE High Intensity Techniken gilt, das diese nichts für Anfänger oder Teenager sind. Weder Anfänger noch Teens brauchen diese Techniken um Ergebnisse zu erzielen, und darüber sollten sie auch froh sein.

Rest – Pause

Hört/liest sich saublöde, oder?
Tja, find ich ja auch. Aber für die Bezeichnung kann ich ja nun rein gar nichts. Diese Trainingsart nennt sich nun mal so, egal wo Sie nachlesen. Also bleiben wir bei dieser Bezeichnung und kürzen es ab hier mit R+P ab.
Was also ist R+P?
Kurz gesagt handelt es sich um eine Methode, bei der man innerhalb eines Satzes mehrere Wiederholungen mit maximalem oder fast-maximalem Gewicht ausführt. Dies wird natürlich nur dadurch möglich, das man das Gewicht nach einer Wiederholung ablegt, nach einer kurzen Pause wieder aufnimmt und eine weitere Wiederholung ausführt. Die Pausenlänge ist je nach Autor sehr unterschiedlich bemessen. So kann es sich um eine Atempause für drei mal Luft holen handeln (fünf bis zehn Sekunden) oder um eine Pause von zehn bis zwanzig Sekunden.
Mike Mentzer dürfte einer der ersten Autoren sein, der über diese Trainingsart schrieb. Mit Sicherheit ist aber nicht der Einzige. Wer bis hierhin aufmerksam gelesen hat, weiß das Mentzer´s Trainingssystem auf einem einzigen Satz oder Supersatz für eine Muskelgruppe besteht. Dementsprechend sieht sein Vorschlag so aus, das man einen Satz von vier bis fünf Wiederholungen ausführt. Nach der dritten Einzelwiederholung wird das Gewicht um etwa 20-30% abgesenkt. Anfänglich sollen die Pause zehn Sekunden dauern, ab der dritten Wiederholung 15 Sekunden.
Wesentlich radikaler noch ist da Karsten Pfützenreuter. Er vertritt die Auffassung das ein einziger Satz je Muskelgruppe ausreicht. Dieser hat bis zu 20 Wiederholungen und die Pausen dauern zwischen Null bis 20 Sekunden.
Um der Variationen noch etwas zuzufügen: Stuart McRobert, Autor und Redakteur von *Hardgainer* empfiehlt zehn Sekunden Pause und fünf Wiederholungen für fünf Sätze.
Es gibt noch mehr Variationen. Unnötig alle aufzuführen.
Sie können diese High Intensety-Technik nach belieben abwandeln.

Nur sollten Sie folgende Punkte beachten:
1. Ein solches Training ist sehr anstrengend und fordert dem Nervenkostüm einiges ab. Es ist also sinnvoll reichlich Erholungszeit einzuplanen.
2. Mentzer verwendet 90-100% dessen was Sie maximal einmal bewegen können. Wenn Sie mit solch hohen Gewichten arbeiten wollen, beschränken Sie sich auf einen Satz und maximal eine Übung je Muskel. Und das für höchstens sechs Wiederholungen je Satz. Für die genauen Maßgaben für Pfützenreuters System, lesen Sie bitte nochmal das Kapitel PITT-Force. Diese lassen sich auch auf McRoberts 5X5 verwenden.
3. Sicherheit: Lieber ein leichteres Gewicht, statt sich völlig zu überfordern. Korrekte Technik. Hier ist Sie besonders wichtig, da bei solch fordernden Gewichten schnell eine Verletzung da ist. Führen Sie lieber sehr langsame Wiederholungen aus.

Viel mehr fällt mir dazu nicht ein.
Es ist Ihrer Fantasie überlassen, dieses hochwirksame Instrument mit den verschieden Techniken und Trainingsplänen zu kombinieren.

Negatives Training

Negatives Training ist nicht mit schlechtem Training gleich zu setzen. Eher im Gegenteil.

Für den reinen Masseaufbau ist negatives Training eine sehr gute Wahl.

Es gibt hinreichend Studien, die die extrem hohe Wirksamkeit des negativen Trainings in Hinsicht auf den Muskelaufbau belegen. Es baut erheblich mehr Muskelmasse auf, als rein positives Training, ja sogar als herkömmliches Training (mit positiver und negativer Phase).

Wie kann das sein?

Nun zum einen liegt das daran das die kleinen Risse, sog. Mikrotraumen, in den Muskeln vor allem in der nachlassenden Phase einer Bewegung entstehen. Wenn diese Mikrotraumen abheilen, wachsen die Muskelfasern stärker (d.h. dicker) wieder zusammen.

Zum anderen liegt das in den schweren Gewichten begründet, die hier Verwendung finden. So werden hier Gewichte benützt die 100 bis 150% dessen darstellen, was man maximal bewegen kann. Dies erklärt auch, warum die Kraftzunahme nahezu gleich ist, mit jener die mit herkömmlichen Training erzielbar ist, obwohl man ja kein Gewicht hebt, sondern es nur kontrolliert herunter läßt.

Und genau darum geht es: Man hebt kein Gewicht, sondern läßt es nur herunter. Aber genau da liegt einer der Riesennachteile des negativen Trainings. Man kann es unmöglich alleine und ohne Hilfsmittel ausführen. In der Praxis geht das nämlich so: Ein sehr, sehr starker oder zwei Helfer heben das Gewicht für Sie in Position und Sie lassen es dann alleine herab.

Wen das nicht schreckt, nun für den ist dies eine Supermethode.

Allerdings gilt es wieder einiges zu beachten:
- Beginnen sollte man mit 100% und sich dann steigern. Sonst ist die Verletzungsgefahr gigantisch.
- Es sollten nicht mehr als ein bis drei Sätze pro Übung erfolgen. Letzteres nur bei extrem gut trainierten Individuen.
- Pro Satz sechs bis maximal zehn Wiederholungen.

- Extrem langsame Bewegungsausführung. Eine Wiederholung sollte fünf bis zehn Sekunden dauern. Und nicht das Gewicht oben halten und dann runter knallen lassen. Eine langsame, gleichmäßige Bewegung ist hier gefragt.
- Erholung, Erholung, Erholung. Negatives Training ist sehr fordernd. Kein Muskel sollte öfter als zweimal die Woche so trainiert werden. Besser ist sogar nur einmal alle sieben Tage.
- Maximal zwei Übungen je Muskel, besser sogar nur eine.
- Absolut korrekte Übungsausführung.
- Man sollte höchstens einen Monat lang rein Negativ trainieren, sonst riskieren man Übertraining.

Wenn Sie ausprobieren möchten, wie sich das anfühlt und ob es Ihnen etwas bringt, so sei Ihnen zu Dips und Klimmzüge geraten. Diese beiden Übungen können Sie ohne Hilfe und großartige Hilfsmittel rein Negativ ausführen. Hängen Sie sich etwas Zusatzgewicht um die Hüfte, stellen Sie eine Trainingsbank unter die Stange oder den Dipbarren. Nun können Sie sich mit den Beinen in die oberste Position heben. Dort knicken Sie die Beine nach hinten und lassen sich dann langsam herunter. Es wäre gut wenn jemand für Sie laut die Sekunden zählt. Ansonsten zählen Sie langsam 1001, 1002, 1003 usw. bis 1006 oder 1010.

Tja, es gibt auch Nachteile: Eine erhöhte Verletzungsgefahr, besonders bei unvorsichtiger oder schlampiger Übungsausführung.
Es gibt Hinweise darauf, das rein negatives Training die Insulinsensibilität der Muskeln senkt. Da Insulin das anabolste Hormon ist und Nährstoffe in den Muskel liefert, ist das nichts was wir wollen.
Es ist für das Zentrale Nervensystem extrem fordernd, was schnell zu einem Ausbrennen oder Burnout führen kann.
Sehr wichtig ist aber auch, das die Studienergebnisse, die es als gleichwertige Methode zum Kraftaufbau darstellen, sich in der Realität, nach Meinung vieler Krafttrainingsexperten, leider nicht ganz halten ließen. Es gab zwar gute Kraftzuwächse aber nicht gleich mit denen, die in einen herkömmlichen System erreicht werden. Dafür sind die Zuwächse an Muskelmasse wesentlich höher.

Es ist also jedem selbst überlassen, ob er mal einen kurzen Zeitraum verstärkt für reinen Muskelaufbau trainiert oder nicht.

Negativ akzentuiertes Training

Was ist „negativ akzentuiertes Training"?
In einfachen Worten gesagt, handelt es sich dabei um ein Training mit starker Betonung der negativen Phase der auszuführenden Übungen. Diese Methode dient dazu, wenigstens einen Teil der sagenhaften muskelaufbauenden Wirkungen zu erreichen, die rein negatives Training bietet.
Es bieten sich mehrere Möglichkeiten das Training zu manipulieren, um dieses Ziel zu erreichen.

Schnelles Heben des Gewichtes mit sehr langsamen Absenken. Hier hebt man das Gewicht so schnell es geht, mit leichter Verwendung von „Body English" (= Schwung, leichtes Abfälschen) und senkt es dann in einer superkorrekten Übungsausführung ab, wobei dieses Absenken fünf bis zehn Sekunden dauert. Das Gewicht sollte nur etwas höher liegen, als jenes das man bei korrektem Training für die gleiche Anzahl Wiederholungen verwendet.
Da hier nur wenig abgefälscht wird, ist diese Methode noch relativ sicher.

Abfälschen. Ja, es wurde hier schon reichlich gegen das Abfälschen gemotzt. Nichts desto trotz wurde und wird diese Technik schon ewig verwendet. Man fälscht so viel ab, das man ein Gewicht das man normal nicht hoch bekommt, oben hat. Nun läßt man es in einer superkorrekten Übungsausführung runter. Das Absenken sollte fünf bis zehn Sekunden dauern.
Hier verwendet man das Gewicht, das man bei korrekter Ausführung nur ein mal heben kann.
Da hier schon recht schweres Gewicht Verwendung findet und sehr stark abgefälscht wird, ist diese Methode nur sehr eingeschränkt zu empfehlen. Aufgrund des erhöhten Verletzungsrisikos eher eine unsichere Methode.

2-1. So nenne ich diese Methode. Eigentlich ist das, das wirkliche negativ akzentuierte Training. Schon Arthur Jones und Mike Mentzer haben darüber geschrieben, bzw. es verwendet. Hier hebt man ein Gewicht mit beiden Armen, bzw. Beinen und läßt es nur mit einem Arm/Bein herab. Das Gewicht sollte jenes sein, mit dem man ungefähr sechs bis acht saubere Wiederholungen bewältigt. Man hebt das Gewicht mit beiden Armen oder Beinen. Oben hält man das Gewicht kurz mit einem Arm während man den zweiten wegklappt. Nun senkt man das Gewicht mit dem verbleibenden Arm in fünf bis zehn Sekunden ab. Man kann rechts und links abwechselnd ausführen, oder man kann erst alle Wiederholungen für die schwächere Seite ausführen und dann alle für die stärkere Seite folgen lassen. Allerdings in einem eigenen Satz. Deshalb halte ich die Abwechselnde Methode für die bessere, weil zeitsparendere.

Da hier das Gewicht kontrolliert bewegt wird, eine eher sicherere Methode. Als Nachteil muß man es wohl ansehen, das diese Trainingsform nur an Maschinen möglich ist. Für eine kurze Phase jedoch ein annehmbarer Nachteil.

Für alle drei Methoden gilt, was auch für das rein negative Training gilt: Ein bis zwei Sätze mit sechs bis zehn Wiederholungen pro Muskelgruppe, höchsten zwei mal, besser einmal die Woche.

Generell kann man für negatives Training, aber besonders für die hier beschriebenen Methoden sagen, das sie besser an Maschinen auszuführen sind.

Statisch-Negatives Training

Wie in dem Kapitel über Mike Mentzer angekündigt, wird hier nun das Konzept der statisch-negativen Wiederholungen näher beleuchtet. Ob Mentzer der erste ist, der mit diesem Konzept experimentierte oder nur der erste war, der über die Verbindung isometrischer Übungsausführung mit rein negativem Training schrieb, ist schwer in Erfahrung zu bringen.

Mike Mentzers Theorie lautet, das es für einen Bodybuilder eigentlich unnötig sei, das Gewicht zu heben. Seiner Meinung nach, sei das Heben, also der positive Teil der Übung der unnötigste, ja unproduktivste. Dementsprechend suchte er nach einer Möglichkeit auf diesen Teil zu verzichten. Da es aber seiner Auffassung nach notwendig ist, den Muskel maximal zu kontrahieren, mußte die Lösung die maximale Kontaktion und den negativen Teil der Wiederholungen enthalten. So kam er auf die Idee, seinen Klienten in die Kontrahierte Position zu helfen, sie dort das Gewicht so lange als möglich halten zu lassen und dann langsam das Gewicht absenken zu lassen.

In der Praxis sah das so aus:
Es wurde ein Gewicht gewählt, das merklich über dem lag, das der Klient sechs mal heben konnte. Dieses Gewicht wurde nun mit Hilfe des Trainers in die kontrahierte Position gehoben. Hier mußte der Trainierende das Gewicht solange mit maximaler Spannung oben halten, bis seine statische Kraft weg war. Jetzt durfte er das Gewicht ultra langsam nach unten lassen. Diese Tortur wird für eine einzige bis maximal drei Wiederholungen durchgeführt, wobei zwischen den Wiederholungen eine kurze Pause gemacht wird, gerade lang genug, ein oder zwei tiefe Atemzüge zu machen.
Die statische Phase sollte etwa sechs bis fünfzehn Sekunden gehalten werden, die negative Phase sollte auch etwa sechs bis fünfzehn Sekunden in Anspruch nehmen.
Geeignet sind hierfür natürlich hauptsächlich Übungen, bei denen die Hauptlast in der kontrahierten Position auf dem Muskel und nicht auf dem Gelenk liegt. Gute Ergebnisse lassen sich hier mit folgenden

Übungen erzielen:
Beinstrecken, Beincurls, fliegende Bewegung an der Maschine, Butterfly, Pullover an der Maschine, Seitheben an der Maschine oder am Kabel, Trizepsmaschine, revers (Untergriff) gegriffene Pressdown, Bizepscurl am Kabel oder der Maschine, Rudern, Latziehen, Shrugs an der Maschine, hintere Schulter an der Maschine oder vorgebeugtes Seitheben am Kabel.

Es muß darauf hingewiesen werden, das dieses Konzept auch seine Schwächen hat. So sind die geeigneten Übungen ausnahmslos Maschinen gebunden und man braucht einen starken Trainingspartner. Auch darf bezweifelt werden, ob solcherart Training trotz des geringen Umfangs nicht langfristig zum Ausbrennen bzw. Übertraining führt.
Kurzfristig eingesetzt, also etwa zwei bis drei Wochen, ist dies allerdings ein hochpotentes Mittel für Kraft- und Massezuwachs.

Super Slow Motion

Haben Sie schon mal die Zeitlupe in der Sportschau o.ä. gesehen? Ja?
Nun rufen Sie sich das Bild vor Augen...
Genau so geht Slow Motion (SM, ja es ist mir klar wie sich das liest!) und noch langsamer geht Super Slow Motion (SSM).
Einfach gesagt bedeutet SM, das die Übungen in so langsamen Tempo ausgeführt werden, das jede einzelne Wiederholung zehn bis 15 Sekunden dauert. Bei SSM dauert es geringfügig länger eine Wiederholung auszuführen. Eine Wiederholung braucht mindestens 20 Sekunden bis zu einer Minute. Ja. Eine Wiederholung die eine Minute dauert.
Krass, ja wohl.
Nicht das Gewicht rauf werfen, eine knappe Minute oben halten oder so und dann fallen lassen.
Neieiein.
Wirklich das Gewicht superlangsam in ca. 20 bis 30 Sekunden raufbringen und dann genauso langsam wieder herablassen.
Natürlich muß man sich jetzt fragen was das bringen soll.
Erinnern Sie sich an TUT?
Der Muskelzuwachs benötigt eine gewisse Zeit, die der Muskel unter Spannung stehen muß. Nun gibt es einige Kraftsportexperten, die der Meinung sind, es wäre egal wieviele Wiederholungen man ausführt um diese Zeit zu erzielen. Der Vorteil der langsamen und superlangsamen Wiederholungen liegt darin, das man weniger Gewicht benötigt und nur ein sehr geringes Verletzungsrisiko hat.
Es sollte Sie nicht überraschen, zu lesen das verschiedene Experten SM mit einem Tempo von acht bis zehn Sekunden regelmäßig für den Masseaufbau verordnen. Die dt. Gewichthebertrainer Spitz und Feser haben regelmäßig Athleten solches zum Masseaufbau verordnet, und auch Arthur Jones und Ellington Darden verwendeten es für ihre Trainingspläne viel.
Zu SSM mit einer Minute je Wiederholung verschreibt meines Wissens hauptsächlich Dr. Ellington Darden und gelegentlich noch der Bodybuildingautor Greg Zulak.

Was nun dem aufmerksamen Leser auffallen wird ist, das man bei diesen Tempi die für maximalen Masseaufbau nötige TUT mit wenigen Wiederholungen erreicht. Diese beträgt 40 bis 60 Sekunden. Bei einem Tempo von zehn Sekunden wären das vier bis maximal sechs Wiederholungen. Das ist auch OK so.
Wenn Sie jetzt glauben nur vier Wiederholungen mit max. 50% des möglichen Gewichtes wären einfach... viel Spaß!
Bilden Sie sich nicht ein, das dies leichtes Training wäre. Sie werden erleben, das Ihnen wenige Wiederholungen mit leichtem Gewicht den Schweiß in das Gesicht treiben und Sie vor Anstrengung zittern lassen.

Die Maßgaben sind denkbar einfach: Für maximalen Zuwachs hat sich eine Belastungszeit von 40 bis 69 Sekunden je Satz gezeigt. Daraus ergeben sich folgende Maßstäbe:
10   Sekunden je Wiederholung = 4 - 6 Wiederholungen
15   Sekunden je Wiederholung = 3 - 4 Wiederholungen
20   Sekunden je Wiederholung = 2 - 4 Wiederholungen
30   Sekunden je Wiederholung =   2   Wiederholungen
40-60 Sekunden je Wiederholung =   1   Wiederholung(!)

Sie können SM und SSM in allen Übungen zur Anwendung bringen. Besonders eignen sich natürlich Übungen an Maschinen, da man sich hier nur auf die Bewegung konzentrieren kann.

Verwendbar ist diese Trainingsart als Burner am Ende eines Trainings. Ein, zwei Sätze einer Isolationsübung in dem Stil werden Ihren Pump enorm steigern. Aber maximal zwei Sätze je Muskelgruppe und Woche.
Es ist aber auch möglich, mal eine Trainingsphase von zwei bis vier Wochen ausschließlich mit SM zu trainieren. Dabei können sich geschundene Gelenke erholen. Beschränken Sie sich dann aber auf maximal vier bis sechs Sätze je Muskelgruppe und Woche.

Da solches Training, wenn es wirklich ernst genommen wird, für die Nerven ausgesprochen aufreibend ist, eignet es sich meines Erachtens nicht für die ständige Verwendung.

Der „Hungarian Oak"-Beinblaster

Es gab da einen Artikel, den ich sehr, sehr interessant fand. Gegenstand des Artikels war ein Ringer, der binnen weniger Wochen ein Paar der beeindruckensten Beine aufgebaut haben soll, die der Präsident der kanadischen Bodybuildingvereinigung je gesehen haben will. Dieser Ringer stammt aus Ungarn, daher „Hungarian Oak". Der Ringer beschwerte sich sogar, weil er in eine höhere Gewichtsklasse wechseln müße, durch das schnelle Wachstum seiner Oberschenkel.
Sein Beintraining las sich in dem Artikel so:
Ein Satz Kniebeugen von ZWEI MINUTEN OHNE PAUSE! Stellen Sie sich vor, Sie nehmen etwa 30% Ihres Maximalgewichtes und führen nun zwei Minuten lang nonstop Kniebeugen aus. Tiefe Kniebeugen mit einem langsamen herunter gehen und relativ explosivem hochkommen. Das sind etwa 35 bis 50 Wiederholungen. Jede Woche Steigern Sie die Zeit um 20 bis 30Sekunden bis Sie vier Minuten nonstop Kniebeugen ausführen. Brutalst.
Dann folgen noch zwei Sätze Beinstrecken mit 30 Wiederholungen. Je zehn mit nach Innen gerichteter Fußspitze, zehn mit neutraler Fußhaltung und zehn mit nach außen gerichteten Fußspitzen.
Abgerundet wird das ganze mit drei Sätzen Beincurls mit jeweils sechs bis acht Wiederholungen. Diese werden im Rest-Pause-Stil ausgeführt.
Das ganze zweimal pro Woche.

Es ist denkbar das man die Kniebeuge mit Beinpressen ersetzt und damit auch sehr gute Ergebnisse erzielt.

Außerdem denke ich das man das Beinstrecken auf max. 20 Wiederholungen reduzieren kann, OHNE die Fußposition zu wechseln.

Man sollte allerdings nicht den Fehler machen und dieses Programm auf den Oberkörper anzupassen. Die Quadrizeps reagieren z.T. sehr gut auf Sätze mit 20 bis 50 Wiederholungen. Beim Oberkörper ist dies definitiv nicht der Fall.

Der 300 oder Leonidas Plan

Sie kennen doch den Film 300? Zumindest wissen Sie das es Ihn gibt? Nein? Na, dann ist Ihnen auch nicht zu helfen.
Kurz: König Leonidas von Sparta führt seine 300 Sandalen tragenden Krieger in eine aussichtslose Schlacht.
Nun, was uns daran interessiert ist, wie sich Gerard Butler in vier Monaten von einem durchschnitts-Couch-Potato in Leonidas verwandelte. Auch wenn ich das Magazin Men´s Health so-so finde, hatte der betreffende Artikel meine volle Aufmerksamkeit.
Butler trainierte etwas, das er den 300 Wiederholungen-Spartaner-Workout nannte. Das heißt er führte 25 Klimmzüge, 50 Wh Kreuzheben, 50 Liegestütze, 50 Sprünge auf einen Kasten, 50 Floorwipers, 50 einarmige Wh im Stoßen und noch mal 25 Klimmzüge OHNE Pause aus. Dazu machte er nun so ganz „gewöhnliche" Übungen wie Traktorreifenflips u.ä.
Ok, es sei eingestanden, das dies kein praktikables Training für die meisten von uns ist, zumal die wenigsten Studios über 150Kg Traktorreifen verfügen. Außerdem würde man bei diesem Training sehr schnell ausbrennen.
In erster Linie sei dieses Training nur mal erwähnt, um zu zeigen was machbar ist.
Aaaber, natürlich ist es möglich das 300 Wiederholungen Training für uns Otto Normal trainierende anzupassen. Damit dürfte eine Transformation eines jeden in einen Helden möglich werden.
Ich würde empfehlen Anfangs auf 120 bis 200 Wiederholungen je Trainingseinheit runter zu gehen.
Sie Wählen drei Paarungen von jeweils zwei antagonistischen Übungen aus. Z.B. Kniebeugen + Beincurls; Dips + Klimmzüge, enges Bankdrücken oder Liegestütz +Curls. Sie führen jetzt einen Supersatz von jeweils 20 Wiederholungen aus. Erst von der ersten Paarung, dann nach kurzer Pause von der zweiten und nach einer weiteren kurzen Pause von der dritten Paarung aus. In den Supersätzen dauert die Pause nur jeweils so lange, wie Sie brauchen um im Laufschritt von Übung eins zu Übung zwei zu wechseln. Nach einer Eingewöhnungsphase von ein, zwei Trainingseinheiten, machen wir das

zwei bis drei mal nacheinander.

Eine weitere Variation wäre es bei den gleichen Paarungen zu bleiben, diesmal aber im Stile Charles Staleys zu trainieren. Das heißt um in einer Einheit auf 300 Gesamtwiederholungen zu kommen, führen wir die Paarung 1 solange aus, bis wir dort für jede Übung 50 Wiederholungen bewältigen. Da unsere Trainingszeit aber begrenzt ist und wir es uns ja so schwer als möglich machen wollen, haben Sie hierfür maximal 15 Minuten Zeit. Genauso verfahren wir mit den Paarungen 2 und drei. Da wir ja nur sehr wenig zeit haben, sind die Pausenlängen naturgemäß brutalst kurz zu halten.

Und hier kommen wir zur Brutalsten Version: Wie wäre es, sich für jede Trainingseinheit nur eine Übungspaarung vorzunehmen und diese solange durchzuführen, bis man alle 300 Wiederholungen mit diesen zwei Wiederholungen bewältigt? Noch ein paar normalere Sätze für ein, zwei Zusatzübungen dazu und fertig (Ganz und gar...).

Oder wenn Sie jeden Tag trainieren können, alle 300 Wiederholungen mit einer einzigen Übung...

Naja, ich vermute mal Sie merken, das hier einige, recht brutale, Versionen möglich sind. Alle haben eins gemein Sie sind hochintensiv. Ob Sie alle Muskeln draufpacken, weiß ich nicht. Aber alle werden Ihnen neuen Schwung für gemäßigteres Training geben. Alle werden aus Ihnen einen Helden machen, denn Sie haben was probiert, was kaum jemand probierte, Sie haben Neuland betreten, eine Grenze überschritten. Ein Grund Stolz zu sein.

Super-, Tri- und Mehrfachsätze

Supersätze und Ihre Klone, die Tri- und Mehrfachsätze sind schon recht lange im Bodybuilding genutzte Trainingsarten. Zugegebenermaßen sieht man sie im heutigen Bodybuilding eher selten. Das hat nichts damit zu tun, das sie unwirksam wären. Nein, der Hase liegt hier wo ganz anders begraben. Der Grund liegt darin, das wir in unserer heutigen Zeit nichts so sehr fürchten, wie brutalste, Zähne zermahlende Arbeit. Und genau das sind diese Trainingsvariationen. Hin und wieder findet man einen Anhänger der Mike Mentzer Philosophie, der sein Training rund um Vorermüdungssätze aufbaut. Vorermüdung ist nichts anderes als eine spezielle Form des Supersatzes. Dr.Elington Dardens Spezialkurztraining, das ich Ihnen bereits beschrieben habe, ist nichts viel anderes als ein Trisatz. Powerzirkeltraining von Bill Star, das im Kapitel „5X5" beschrieben wurde, ist auch nichts anderes.

Wie immer, in allen Kapiteln gibt es auch hier einige sinnvolle Variationen. Jede ist ein nützliches Werkzeug im Koffer des Kraftsportlers. Keine Variation ist das Ei des Columbus, jede hat Schwachstellen, wie übrigens nahezu alle Trainingssysteme, die Eingang in dieses Buch fanden. Es gibt, wie schon im Vorwort geschrieben, keinen Trainingsplan, der nicht irgendwann seine Wirkung verliert, bzw. nicht in seiner Wirkung beschränkt ist.

Fangen wir an. Was ist ein Supersatz? Das ist nichts anderes als zwei oder mehr Übungen, die ohne dazwischen liegende Pause ausgeführt werden. Das können zwei Übungen für den selben Muskel sein aber auch Übungen für verschiedene Muskeln.
Trisätze sind Supersätzen die aus drei Übungen bestehen. Logisch, oder?
Mehrfachsätze, in den USA als Megasätze bekannt, sind nichts anderes als Supersätze, die aus bis zu sechs verschiedenen Übungen bestehen. Diese können auf einen einzigen oder auch mehrere Muskeln abzielen.

Supersätze

Antagonistische Supersätze:
Hier setzt sich ein Supersatz aus zwei Übungen zusammen, die zwei gegenüberliegende Muskeln bearbeiten. Die Paarungen sind: Quadrizeps/Beinbizeps, Bauch/unterer Rücken, Brust/Rücken, vordere Schulter/hintere Schulter, Schulter/Trapezius, Waden/ Trapezius, Bizeps/Trizeps
Im Endeffekt nichts anderes wie alternatives Training, bei dem man nur die Pause zwischen den Übungen streicht.

Normale Supersätze:
Hier werden einfach zwei Übungen für den selben Muskel ohne Pause zwischen den Sätzen ausgeführt. Trainiert man z.B. die Brust, so wird erst ein Satz Bankdrücken ausgeführt, auf den ohne Pause ein Satz fliegende Bewegung folgt.

Vorermüdungssupersätze:
Diese Technik ist ausreichend in den Kapiteln „Vorermüdung I" und „Vorermüdung II" beschrieben.

Trisätze

Normaler Trisatz:
Drei Übungen für einen Muskel werden ohne Pause nacheinander ausgeführt. Beim Brusttraining könnte das z.B. so aussehen: Bankdrücken gefolgt von fliegender Bewegung gefolgt von Crossover.
Wer einen Muskel vor einem Wettkampf besonders heraus meißeln möchte, dem sei diese Technik empfohlen.

Spezieller Trisatz:
Das ist schon etwas komplizierter. Man wählt nur zwei Übungen. Erst führt man einen Satz der ersten Übung aus. Auf die folgt ohne Pause ein Satz der zweiten. Ohne Pause führt man nun erneut einen Satz der ersten Übung aus. Beim Brusttrainingsbeispiel würde dies so aussehen: Ein Satz Bankdrücken, ein Satz fliegende Bewegung, ein Satz Bankdrücken. Natürlich ohne Pause dazwischen.

Diese Version ist wie alle Supersatzversionen sehr intensiv und von daher mit Vorsicht zu genießen. Allerdings ist diese spezielle Form gut geeignet, die Kraft zu steigern. Zuerst wird man etwas schwächer, sobald man allerdings dann zu normalerem Training zurückkehrt, lassen sich die Gewichte schnell steigern.

Vorermüdungs Trisatz:
Das gleiche Prinzip, das bei den Vorermüdungssupersätzen gilt auch hier. Erst ein Satz einer Isolationsübung, dann ein Satz zweier Multigelenksübungen. Oder ein Satz zweier Isolationsübungen auf die dann ein Satz einer Multigelenksübung folgt.
Um im Brusttrainingsbeispiel zu bleiben: Ein Satz Crossover, ein Satz Bankdrücken, ein Satz Bankdrücken an der Maschine.
Oder:
Ein Satz Crossover, ein Satz Butterfly, ein Satz Bankdrücken.
Wie immer ohne Pause dazwischen.

Antagonistischer Trisatz I:
Hier wird es etwas komplizierter. Das Konzept der Antagonistischen Supersätze gilt auch hier. Diesmal führt man zwei Übungen für eine Muskelgruppe aus und läßt einen Satz einer Übung folgen, die der ersten gegenüber liegt.
Damit man kein Ungleichgewicht entwickelt, müssen logischerweise Trisätze folgen, die erst zwei Sätze der zweiten Muskelgruppe enthält, um mit einem Satz für die erste zu enden.
Beispiel: Bankdrücken, Crossover; Rudern - je ein Satz ohne Pause dazwischen. Dann Klimmzüge, Pullover, Butterfly - je ein Satz ohne Pause dazwischen.
Dieses Konzept läßt sich natürlich auch im Vorermüdungsstil ausführen.

Antagonistischer Trisatz II:
Erst ein Satz für Muskelgruppe 1, ein Satz für Muskelgruppe 2, um dann einen Satz für Muskelgruppe 1 folgen zu lassen.
Beispiel:
Bankdrücken, Rudern, Crossover - ein Satz jeweils ohne Pause.
Oder:

Bankdrücken, Rudern, Bankdrücken – je ein Satz ohne Pause.

Über Megasätze mag ich nicht schreiben, da ich es schlicht für Platzverschwendung halte. Wer das Prinzip der Super- und Trisätze verstanden hat (OK, ich gestehe das dies nicht so einfach ist), der wird sich ohne Schwierigkeiten selbst entsprechende Trainingspläne zu entwerfen. Meiner persönlichen Meinung nach lassen sich Megasätze nur selten nutzbringend anwenden. Da hier naturgemäß die Gewichte nicht allzu hoch sein können, läßt sich mit Megasätzen kaum Kraft- oder Muskelmassezuwachs realisieren. Wenn es um eine Verbesserung der Kraftausdauer und der Ausdauer insgesamt geht, sieht das Bild schon anders aus. Auch um die Fettverbrennung anzukurbeln, eignen sich Megasätze mit vier und mehr Übungen. Die Anwendung von Megasätzen könnte sich auch für einen Bodybuilder lohnen, der sich auf einen Wettkampf vorbereitet und die maximale Definition einer Muskelgruppe herausarbeiten möchte. Allerdings rate ich die Verwendung von Megasätzen zu diesem Zweck auf höchstens eine Muskelgruppe zu beschränken. Besonders die kleinen Muskelgruppen wie Waden, Schultern, Arme, Unterarme bieten sich an. Auch die Bauchmuskeln könnten eventuell gut auf diese Trainingsart ansprechen.

Tricks und Kniffe

Es gibt unzählige Tricks und Kniffe. Gerade die Oldtimer, also die Bodybuilder und Kraftathleten aus der Anfangszeit des Eisensports, hatten da eine Menge auf Lager. Die Bodybuilding Stars der 30'er bis 60'er Jahre mußten sich viel einfallen lassen, es gab bei weitem noch nicht das Equipment wie heute. Von den riesigen Maschinenparks heutiger Studios ganz zu schweigen. Trotzdem ist es einigen dieser Herren gelungen Körper aufzubauen, die auch heute noch Bewunderung hervorrufen. Dabei wurden keine, später nur wenige Dopingmittel verwendet und so tolle Supplements/Nahrungsergänzungen gab es auch nicht. Damals galten Bierhefetabletten als Geheimmittel! Umso erstaunlicher, was man auf alten Photos der damaligen Bodybuilder für beeindruckende Muskeln sieht.
All das spricht dafür das die damals z.T. besser wussten, wie man trainiert, als wir heute.

Break Downs:
Eine etwas härtere Version des Abladens. Hier wird das Gewicht stets nur um 10% verringert. Man muß jetzt keinen Taschenrechner benützen, ungefähr 10%. Bei Kurzhanteln heißt das meistens, direkt das nächst niedrigere Paar zu greifen. Break Downs werden ohne Pause durchgeführt, bis man selbst das leichteste Gewicht nicht mehr bewegen kann.

Constant Tension:
Hier arbeitet man mit einem geringfügig verkürztem Bewegungsspielraum. Genauer man läßt den untersten Teil weg, stoppt die Bewegung ungefähr zwei bis fünf Zentimeter oberhalb des Untersten Punktes einer Bewegung und drückt nie die Gelenke durch, sondern stoppt auch hier zwei bis fünf Zentimeter vorher. Damit wird erreicht das der trainierte Muskel während des kompletten Satzes durchgehend unter Spannung steht. Weder oben noch unten gibt es einen Stopp, sondern die Bewegung wird sofort umgekehrt.
Das Tempo sollte 2-3/3-5 (positiv/negativ in Sekunden) betragen. Brutaler Pump!

Ein-Einhalber:
Vor jeder Wiederholung über den vollen Bewegungsradius erfolgt eine Teilwiederholung in der unteren Hälfte des Bewegungsspielraums. Eine halbe plus eine vollständige sind zusammen EINE Wiederholung.
Pure Hölle...
Am besten kombiniert man dies mit Wiederholungszahlen bis maximal acht.

Ein-Einviertel:
Erst führt man eine vollständige Wiederholung aus, dann folgt eine viertelst Bewegung im oberen Viertel des Bewegungsspielraumes. Zusammen zählt das als eine Wiederholung.
Auch hier besser mit maximal acht Wiederholungen arbeiten.

Fast Reps (Schnelle Wiederholungen):
Das sind sehr schnelle Wiederholungen, die innerhalb eines kleinen Teilbereiches des Bewegungsumfangs ausgeführt werden. Der Bewegungsumfang liegt bei etwa fünf bis zehn Zentimetern. Etwa drei bis fünf Fast Reps am Ende eines Satzes, genauer des letzten Satzes, können den „Pumpeffekt" stark erhöhen. Oder man führt am Ende des Trainings ein bis zwei Sätze aus, die nur aus Fast Reps bestehen.

Geknickte Handgelenke:
Ein Trick von Charles Polequin, der dem Überladen des Bizeps dient und zugleich die Unterarme höllisch zum Brennen bringt. Das funktioniert nur mit geraden Stangen, egal ob am Kabel oder ob mit der Langhantel. Ansonsten zerstört man seine Handgelenke.
Also, wenn man das Gewicht nach oben curlt biegt man die Handgelenke soweit nach oben, wie es geht. Dadurch kann man etwas schwere Gewichte curlen oder es gehen mehr Wiederholungen. Sobald man den Kontraktionspunkt erreicht hat, knickt man seine Handgelenke nach unten. Dadurch erhöht sich die Belastung des Bizeps während der negativen Phase.

Isostops I:
Diese Version benutzte Ray Mentzer (Bruder von Mike Mentzer) in

seinen Vorbereitungen auf den Mr. Universum.
Bei rein Negativen Wiederholungen, stoppte er die Abwärtsbewegung bei einem Drittel, in der Mitte und bei zwei Drittel. Bei jedem Stopp versuchte er zwei Sekunden lang, das Gewicht nach oben zu drücken. Da bei rein Negativem Training ein Gewicht genutzt wird, das der Athlet höchstens einmal bewegen kann, ist es natürlich unmöglich, das Gewicht von den Stopp-Punkten wieder hoch zu bringen.
Diese Technik ist mit Vorsicht zu genießen und äußerst brutal.

Isostops II:
Sogenannte Stutter Reps. Etwa zwei bis drei Wiederholungen vor Ende des Satzes stoppt man die Abwärtsbewegung bei einem Drittel, der Hälfte und bei zwei Drittel. Dort hält man das Gewicht solange, das man bis sechs zählen kann. Dies wird bei zwei Wiederholungen getan.

Isostops III:
Ein Trick des früheren Bodybuilding Champions Larry Scott. Bei jeder dritten Wiederholung eines Satzes, wird am Kontaktionspunkt möglichst hart gegen den Widerstand gepresst, für ca. sechs Sekunden. Die Abwärtsbewegung wird dann noch etwa mittig angehalten und das Gewicht dort für ca. sechs Sekunden gehalten.
Wenn man also einen Satz mit z.B. zehn Wiederholungen ausführt, so erfolgt diese Tortur bei der dritten, der sechsten und der neunten Wiederholung.
Viel Spaß....

Es gibt noch erheblich mehr Tricks. Hier ist nur eine kleine Auswahl wiedergegeben. Besonderes Augenmerk wurde hierbei auf maximale Effizienz gerichtet.
Anzumerken ist auch, das keiner dieser Tricks für eine Verwendung auf Dauer geeignet ist. Das würde ein Ausbrennen bzw. Übertraining befördern.

Mein eigenes Mambo-Jambo

Verehrte Leserschaft, es wird Zeit Ihnen mein persönliches Trainingssystem vorzustellen. Der Einfachheit halber nenne ich es Papa Pain's Special.
Habe ich da gerade einen Tusch gehört? Nein? Schade...
Ohne Tusch... weiß ich gar nicht ob es richtig ist, hier meine eigenen Erkenntnisse und Erfahrungen zusammengefasst heraus zu rücken...
Immer noch kein Tusch? Wie enttäuschend.
Naja, wollen wir mal nicht so sein. Dem aufmerksamen Leser wird nicht entgangen sein, das ich sehr positiv, nahezu schon schwärmerisch, über das PITT-System von Pfützenreuter schrieb und mich auch sehr lobend über Charles Staley's Escalating Density Training (EDT) äußerte.
Nun kann man sich ratlos am Kopf kratzen, wie man diese zwei, auf den ersten Blick unvereinbaren, Trainingsprinzipien unter einen Hut bringt.
Also Leute, ist doch ganz logisch. Wir kombinieren PITT- Sätze mit den Timeframes aus EDT. Zu diesem Zweck verkürzen wir die PITT-Sätze auf vier bis zehn Wiederholungen. Und führen davon soviele in einem festgelegten Zeitrahmen aus, wie wir schaffen. Okay, okay, jetzt kann man natürlich argumentieren, das Sätze von weniger als zehn Wiederholungen kein PITT sind. Gut. Nennen wir es Rest-Pause-Sätze.
Für Papa Pain führen wir das Training in einem Upper-Lower-Split aus.
Tag 1 kümmern wir uns um den Oberkörper,
Tag 2 um die Beine.
Tag 3 ist frei.
Tag 4 Oberkörper,
Tag 5 Beine.
Tag 6 und 7 bleiben frei.
Pro Trainingstag werden sechs Übungen ausgeführt, unterteilt in drei Timeframes (TF) von jeweils 15 Minuten.

Oberkörper 1
TF 1: eine vertikale Rückenübung (Klimm- oder Latzugvariate) + eine vertikale Drückbewegung (Dips)
TF 2: eine Front- oder Seithebevariation + eine Variation des vorgebeugten Seithebens
TF 2: eine horizontale Trizepsübung (enges Bankdrücken, liegende Trizepspressen) + eine Bizepsübung

Oberkörper 2
TF 1: eine horizontale Drückbewegung (Bankdrückvariante) + eine horizontale Zugbewegung (Rudervariante)
TF 2: eine vertikale Druckbewegung (Schulterdrückvariante) + eine vertikale Zugbewegung (Rudern aufrecht, High Pulls, Shrugvariante)
TF 3: eine Trizepsübung nach Wahl + eine Bizepsübung nach Wahl

Beine 1
TF 1: eine vertikale Quadrizepsübung (Kniebeuge – egal welche) + Beincurls
TF 2: Beinstrecken + eine Variante des Kreuzhebens mit gestreckten Beinen
TF 3: Wadenheben (stehend oder sitzend, von Woche zu Woche abwechseln) + eine Bauchübung

Beine 2
TF 1: eine horizontale Quadrizepsübung (Beinpressen) + Beincurls sitzend
TF 2: Kreuzheben (diesmal richtiges) + Bauchübung
TF 3: Waden an der Beinpresse + „Schienbeinmuskel"

Der Trainingsplan mag sich nun nicht so superdoll lesen. Dazu bleibt nur zu sagen: Testen Sie es aus. Bedenken Sie, Sie führen pro Timeframe nur diese zwei Übungen aus. Stets abwechselnd ein Satz von Übung A, dann einer von Übung B, dann wieder Übung A usw. Mit minimalst möglichen Pausen zwischen den Sätzen (kein Gelaber o.ä. in den Pausen!!!). Sie arbeiten mit schwerem Gewicht, da die Sätze im Rest-Pause Stil ausgeführt werden. Und natürlich versuchen Sie in jedem Training mehr Wiederholungen pro TF auszuführen, als im letzten. Das Gewicht wird erhöht sobald Sie mehr als 30 bis 50 Wiederholungen pro TF bewältigen (ha, guter Witz!). Sie werden sehen...

Für diejenigen unter der Leserschaft die keinen Wert auf Symmetrie und dafür nur auf Masse legen oder die vor allem maximale Kraft anstreben gibt's eine andere Variante. Für diesen Zweck kann es nützlich sein, beim Oberkörpertraining die Übungen für die Schultern und beim Beintraining die Waden weg zu lassen. So kann man entweder die beiden verbleibenden Frames auf 20 bis 25 Minuten verlängern. Oder den ersten auf 30 Minuten verlängern den zweiten Frame belässt man bei 15 Minuten.

Die dritte Version wäre das Kürzen der TFs für Schultern und Waden um 5 Minuten, die man dann an den TF 1 anhängen kann.

Training für Tiere und Monster

Knasttraining

Jap, richtich gelesen: Training im Knast.
Einer der interessantesten Artikel über Training den ich las stammt von Zach Even-Esh und wurde unter dem Titel „Training Behind Bars" veröffentlicht. Das, falsch, DAS ist Hardcore.
Der Trainingsraum ist unter freiem Himmel. Dort wird das ganze Jahr trainiert. Egal ob die Sonne runterbrennt oder es stürmt, regnet, schneit oder man an den Hanteln anfriert. Er beschreibt den Outdoor-Trainingsraum ungefähr so: Die Bänke, Ständer und so weiter sind gemauert. Die Bänke sind nicht gepolstert. Massig Eisen.
Sein Gesprächspartner ist ein Insasse von über 250 Pfund (ca. 115 kg) und Powerlifter. Die Gewichte sehen so aus: Kniebeuge 368+ Kg, Bankdrücken 234+kg, Kreuzheben 379+kg. Ziemlich stark.
Und dieser Kerl ist auch noch 42 Jahre alt!
Sein Training ist absolut „basic".
Waaaas? Kein Beinstrecken oder Pullover? Noch nicht mal Latziehen oder Trizepspressdown?
Vergessen Sie´s!
Das Training gestaltetet dass Monster nur aus Grundübungen: Kniebeugen, Frontkniebeugen, diverse Versionen von Kreuzheben, Powercleans, Bankdrücken, Rudern, Military-Press (stehend), Curls mit Lang- und Kurzhantel, liegendes Trizepsdrücken, Shrugs.
Sein Training besteht fast ausschließlich aus schwerem Training. So die Sorte „So schwer, wie es geht". Allerdings legt er Wert darauf, das man so trainiert , das Verletzungen ausbleiben. Er Trainiert sechs Tage die Woche, jede Einheit 45 bis 60 Minuten. Alle Übungen mit vier bis fünf Sätzen, mit sieben Wiederholungen. Lieber weniger Wiederholungen als mehr. Bei den Powerlifts (Kniebeugen & Kreuzheben) macht er Sätze von einer bis sieben Wiederholungen, vermutlich mehr als fünf Sätze.
Alles was über sieben Wiederholungen geht und kein schweres Gewicht beinhaltet, empfindet der Mann als Zeitverschwendung.
Die „hohen" Wiederholungen am Freitag bedeuten für diesen Mann acht bis 15! (Für normale Menschen bedeuten hohe Wiederholungen 12 bis 25, in Extremfällen bis 50. Der Typ empfindet schon acht als

hoch...)
Körpergewichtstraining dürfte dann so ganz einfache und leichte Übungen wie Klimmzüge und Dips bedeuten. Leider fehlen da genauere Angaben.

Montag: Beine, Bauch
Dienstag: Brust, Trizeps, Bizeps (kein direktes Unterarmtraining)
Mittwoch: Kreuzheben, Rücken
Donnerstag: Schultern
Freitag: Hohe Wiederholungen für Beine und Brust
Sonntag: Training mit Körpergewicht

Jimmy „Ironbull" Palechia´s Powerblast

Jimmy „Ironbull" Palechia: Heavy-Metal, yeah.
Der Mann, seine Sprüche, seine Lebensauffassung, sein Training und sein Musikgeschmack – alles Heavy-Metal. Man kann ihn mögen oder hassen, wie auch den Musikstil. Ich ziehe Variante „A" vor, in beiden Belangen. Deshalb möge man verzeihen, wenn hier etwas näher auf die Person eingegangen wird.
Der Herr ist ein sogenannter „Professional Strongman", nimmt aber nicht an Strongman-Wettbewerben Teil.
Er geht zu Veranstaltungen und macht halbe Wiederholungen im Bankdrücken mit 500Kg(!). Sitzende Kurzhantelcurls mit ca. 70kg usw. Auch wenn er abfälscht (aus Bodybuildersicht) oder nur halbe Wiederholungen (aus Powerliftersicht) macht, ist dies völlig Wurscht. Es ist beeindruckend. Übrigens vergleicht er selbst sich nicht mit Bodybuildern, Powerliftern oder Gewichthebern. Das ist auch nicht seine Absicht. Er bezeichnet sich selbst als „Powerbuilder" bzw. „Power-Bodybuilder" ähnlich seinem Bekannten Big Jim Quinn.
Wie auch immer, er ist eine Klasse für sich.
Stets sucht er sich den schwersten Weg etwas zu tun. Er ging nicht zur Army, nein, es mußten die Marines sein. Und obwohl das schon nix für Weicheier ist, mußte er unbedingt Funker bei der Infanterie werden. Das heißt bei allem, jedem Klimmzug, jedem Schritt, ca. 20 kg Zusatzgewicht zu dem üblichen Feldgepäck mitzuschleppen. Später hatte er eine kleine Baufirma, wo er täglich 10 – 12 Stunden Steine, Marmor, Sandsäcke usw. schleppte.
So langsam dürfte klar sein welche Sorte Mann er ist.Seine Regeln lauten zusammengefasst so:
1. Sie wollen unmenschlich stark werden? Besorgen Sie sich einen körperlich anstrengenden Job, wo Sie als menschlicher Gabelstapler fungieren. Bau, Möbelträger, Be- und Entlader, etc. Ein harter Job mit schwerer körperlicher Arbeit galt früher als wichtiger Teil des Krafttrainings von Gewichthebern, Boxern, Ringern, Strongman, etc. Was früher funktionierte, erfüllt auch heute seinen Zweck. Machen Sie es als Ferienjob

o.ä. In der ersten Woche werden Sie kaum trainieren. In der zweiten werden Sie schwächer als gewohnt sein... und dann werden Sie explodieren.
2. Ständiger Wechsel, wechseln Sie ständig die Übungen, die Reihenfolge der Übungen etc.
3. Erlauben Sie ihrem Körper Erholung. Nach einer superschweren Einheit lassen Sie bis zu drei Erholungstage folgen. Dann trainieren zwei Wochen leicht bis medium (10 - 25 Wiederholungen)
4. Bringen Sie das Gewicht stets so schnell rauf als möglich. Explodieren Sie. Benutzen Sie Ihren ganzen Körper. Nicht um es sich leicht zu machen, sondern um es überhaupt möglich zu machen. Lassen Sie das Gewicht auch recht schnell runter, aber stets <u>absolut</u> kontrolliert. Sie müßen die Bewegung immer stoppen können, sonst ist das Gewicht zu schwer.

Punkt 4 benötigt zusätzliche Erklärung. Nun „Powerblast" orientiert sich an der Technik der Gewichtheber. Genauer bedeutet es diese Technik auf <u>alle</u> Übungen anzuwenden. Das heißt an <u>allen</u> Übungen sind stets <u>alle</u> Muskeln beteiligt. Und es wird viel „Momentum" genutzt.

Zu Deutsch: Abfälschen, Schwung holen und explosive Bewegungen. Wichtig ist es, hierbei zwischen dem leider üblichen Abfälschen (um es sich leichter zu machen) und dem Powerblast-Abfälschen zu unterscheiden. Das erste, welches man überall sieht, belastet meist die Gelenke oder nimmt sämtliche Last von dem trainierten Muskel, was völliger Unsinn ist. Powerblast ist so angelegt das die Gelenke möglichst wenig belastet werden, es dient dazu, den Muskel mit möglichst schweren Gewichten zu bombardieren und es sich so schwerer zu machen. Die Übungen werden nie oder selten über den vollen Bewegungsspielraum ausgeführt. Also kein Tiefstpunkt oder max. Dehnung, kein Durchstrecken der Gelenke (wie Ellbogen oder Knie).

Der Ironbull selbst macht übrigens keine oder kaum Kniebeugen. Seine Beine bearbeitet er hin und wieder mit Beinpressen und meist mit dem Herumkicken schwerer Sandsäcke (am Boden liegend, wie

Fußbälle!) und Karate-/Kickboxtritten an Sandsäcken (diesmal die normalen hängenden).

Da jede Trainingseinheit anders aussieht, kann man gar nicht wirklich sein Training wiedergeben, nur so ungefähr.

Dies wird hier anhand eines Brusttrainings getan:
1. Bankdrücken: Auch wenn er er 500kg bewältigt, geht er im Training nur bis ca. 300kg(!). Er fängt mit 40kg für 30 Wh an und macht dann ca. acht Sätze, wobei er jedesmal 40kg zupackt. Natürlich werden es von Satz zu Satz weniger Wiederholungen. Zuletzt sind es oft nur noch zwei.
2. Fliegende Bewegung mit Kurzhanteln: ca. 90kg Hanteln, ein Satz von acht; dann 80 X 10, 70 X 15, 50 X 15, 45 X 20. Seine fliegende ist eher ein Bastard zwischen Bankdrücken und fliegender Bewegung, ein eher Bogenförmiges Bankdrücken.
3. Bankdrückmaschine: Erster Satz mit dem kompletten Gewichtsstapel für 40 bis 50 Wiederholungen (evtl. unterbrechen und das Gewicht etwas mindern). Mit ein bis zwei Minuten Pause zwei weitere Sätze mit maximalen Wiederholungszahlen.
4. Kabel-Crossover: Erster Satz ca. 65 - 70kg für 20 bis 30 Wiederholungen. Dann drei weitere Sätze mit so vielen Wiederholungen als möglich. Er bringt die Hände nur gerade eben so zusammen.
5. Butterflymaschine/Fliegende an der Maschine: Kompletter Stapel für 40 -50Wh. Dann noch drei Sätze bis zum Versagen.

All das beruht auf seinen eigenen Angaben, ist allerdings mehrfach bezeugt (z.B. von Don Ross).

Sie sehen, das für uns Normalsterbliche ein solches Training kaum nur überlebbar ist. Man kann nur staunen. Dieses Kapitel ist mehr persönlicher Sympathie als anderem geschuldet. Wenn Sie seine Trainingsvariante testen wollen, ist dazu zu raten, bei den hohen

Wiederholungen statt 30 bis 50 eher 15 bis 25 auszuführen. Auch sollten Sie sich bei den Übungen auf drei pro Training beschränken. Bei den letzten Übungen sollten Sie die Satzzahlen auf zwei bis drei herunterkürzen. Jeder Muskel wird nur einmal alle neun Tage direkt belastet. Trainiert wird in einem ein Tag Training, ein Tag Pause Rhythmus. Bei außergewöhnlicher Erholungsfähigkeit, kann auch im zwei Tage Training, ein Tag Pause Rhythmus gearbeitet werden.

Als Rulebreaker, um den Trainings-Alltags-Trott zu durchbrechen kann das schon dienen, aber für 95% aller Menschen ist dieses Training nicht sonderlich geeignet, zumindest nicht für mehr, als kurze Phasen.

Vorschlaghammer und Sandsäcke

...und Schlitten. Ja, so verrückt es sich anhört, das sind sinnvolle Trainingsgeräte für Athleten (American Football, Rugby), Teenager, die erst mal eine körperliche Grundkraft aufbauen müßen und alle Leute, die einen Körper anstreben, der voller funktioneller Kraft steckt. Nebenbei lassen sich mit diesen Geräten noch Prima Muskeln aufbauen, Fett verbrennen und die Ausdauer trainieren.
Eine ziemliche Liste von Vorteilen, nicht war?
Sicherlich werden einige von Ihnen einwenden, das dies nichts für Bodybuilder oder Powerlifter ist...
Komisch nur, das Louie Simmons seine Athleten vom Westside Barbel Club zum Teil sogenannte „GPP"-Traqiningseinheiten ausführen läßt. GPP=General Physical Paredness (Allgemeine körperliche Bereitschaft). Diese Jungs dominieren seit Jahren das amerikanische Powerlifting.
Und meine lieben Bodybuilder, habt Ihr Angst vor körperlicher Arbeit? Wie bzw. wann wird ein Muskel größer?
Genauuu... wenn er stärker wird. Und wenn nebenbei noch Fett verbrannt wird, ist das nur Vorteilhaft. Vielleicht muß dann die Wettkampfdiät nicht ganz so lang eingehalten werden.

<u>Der Hammer:</u>
Sie benötigen einen langstieligen Vorschlaghammer von acht Pfund und einen alten Autoreifen, besser einen Traktorreifen. Und eine Stoppuhr oder besser eine laute Eieruhr.
Das Ziel ist denkbar einfach: Schlag den Reifen. Und zwar zehn mal je eine Minute lang. Die Pausen sollten etwa eine bis zwei Minuten dauern. Die braucht man auch, da man nach einer Minute wie eine Dampflok schnauft.

Sobald man alle Zehn Runden mit nur jeweils einer Minute Pause bewältigt, werden die Längen der Pausen, im folgendem Training, um 10 Sekunden gekürzt. Sobald es mit 50 Sekunden-Pausen geht, werden wieder 10 Sekunden gekürzt. Dies wird solange fortgeführt bis man alle zehn Runden ohne Pause bewältigt. Zu gut deutsch: Bis

man zehn Minuten lang ohne Pause auf den Reifen einschlagen kann. Jetzt gibt es zwei Steigerungsmöglichkeiten: Entweder man benützt nun den nächst schwereren Hammer und beginnt mit der alten Zeiteinteilung.
Oder man verlängert die Zeit je Runde. Dann dauert jetzt jede Runde zwei Minuten. Sobald man soweit ist, das man fünfzehn bis zwanzig Minuten Pausenlos auf den Reifen einschlagen kann, sollte man einen schwereren Hammer verwenden, z.b. einen Zwölfpfünder.
Das Ziel ist der Sechzehnpfünder. Die Steigerung durch Pausenkürzung oder schwerere Hämmer erfolgt von Trainingseinheit zu Trainingseinheit.
Mit etwas Übung ist es sogar möglich die Schläge so auszuführen, das sogar der Quadrizeps und der Beinbizeps ihren Teil der Arbeit abbekommen.
Kennen Sie noch „Hau-den-Lukas" auf dem Jahrmarkt? Viel Spaß!

Sandsäcke:
Über den Vorteil den es bringt minutenlang auf schwere Sandsäcke einzuschlagen und zu treten muß wohl niemand aufgeklärt werden. Darum geht es hier nicht.
Man benötigt ein paar alte Seesäcke aus Armeebeständen und drei 25kg Säcke mit Sand oder Holzschnitzeln. Sand ist vorzuziehen. Einen der Seesäcke befüllt man mit einem 25kg Sack, den anderen mit zwei.
Jetzt ist alles bereit für sehr viel Spiel & Spaß.
Die Übungen sind vergleichbar denen, die man auch mit der Langhantel machen kann. Allerdings ist ein 25Kilo Sandsack wesentlich brutaler als eine ca. 40kg schwere Langhantel.
Als Übungen empfehle ich Powerclean mit Militarypress, Vorgebeugtes Rudern, aus dem Liegen aufstehen mit dem Sack über einer Schulter (von Satz zu Satz die Schulter wechseln), Kniebeugen und Sandsack vor dem Leib tragen.
Bei den Kniebeugen kann man den Sack mit gestreckten Armen über dem Kopf halten, wenn man schon sehr fortgeschritten ist. Ansonsten empfiehlt es sich, den Sack über eine Schulter zu legen und diese beim nächsten Satz zu wechseln.
Von jeder Übung wird je ein Satz von zehn Wiederholungen ausge-

führt, mit je einer Minute Pause zwischen den Sätzen. Nur das vor dem Leib tragen erfolgt über 50 Meter. Wenn man eine Runde durch hat, erfolgt eine zwei Minütige Pause. Dann wiederholt man das Ganze, bis man vier oder fünf Sätze von allen Übungen durchlaufen hat.
Auch hier werden die Pausen zwischen den einzelnen Übungen mit jedem Training um 10 Sekunden gekürzt, bis man alle fünf Übungen ohne Pause durchführen kann.
Würde es Sie sehr überraschen zu lesen, das Special Forces wie Marines und Navy Seals solche Trainingsmethoden verwenden?

Schlitten:
Erst mal braucht es hier handwerkliches Geschick. Es empfiehlt sich zwei normale Schlitten aus Holz zu zerlegen. Benötigt werden nur die Kufen, auf die nun eine Plattform von etwa 50X60 Zentimeter befestigt wird. Diese muss extrem massiv sein, da sie sehr viel Gewicht aushalten muss. An das vordere Ende kommt ein etwa vier Zentimeter dickes Tau, das schlaufenförmig befestigt wird. Am bequemsten ist es natürlich, wenn auf der Plattform eine Art Plattenständer befestigt wird, auf den man massig Gewichtsscheiben legen kann. Aber denkbar wäre auch eine Möglichkeit, die es ermöglicht bis zu zehn 25Kg Sandsäcke auf der Plattform zu balancieren.
Jau, 250Kg. Ist eine ganze Menge, nicht war?
Die Aufgabe lautet einfach, den Schlitten 50 bis 100 Meter zu ziehen. Einmal zieht man den Schlitten mit dem Gesicht nach vorne. Nach einer Minute Pause zieht man den Schlitten mit dem Gesicht zum Schlitten. Eine zwei Minütige Pause und dann von vorne. Fünf Runden sind das Ziel. Und es werden wieder in jedem Training die Pausen um zehn Sekunden gekürzt.
Es gibt noch zwei Möglichkeiten, mit dem Schlitten zu trainieren. Man besorgt sich ein Brustgeschirr im Kletterbedarf. Sie haben doch bestimmt im Fernsehen schon diese Strongman gesehen, die wie Schlittenhunde LKW´s hinter sich herziehen...
Oder man besorgt sich ein zehn Meter langes und vier Zentimeter dickes Tau, setzt sich auf den Boden, festen Halt für die Füße vorrausgesetzt und macht Tauziehen, bis der Schlitten an die Fußsohlen stubst.

Natürlich ist jede der beschriebenen Methoden als eigene Trainingseinheit gedacht. Allerdings ist es durchaus möglich zwei oder alle zu einem Training zusammenzufassen. Man könnte z.B. nur fünf Einminutenrunden mit dem Vorschlaghammer machen und nur zwei bis drei Runden mit dem Sandsack folgen lassen.
Da sind der Phantasie keine Grenzen gesetzt. Ich könnte mir sogar vorstellen, das manch Einem, ein solches Training mehr Freude macht, als Hanteln zu stemmen.

Ja, ja, schon klar: Keine der Methoden liest sich sonderlich sexy. Ist doch aber egal, Hauptsache es bringt was.

Früher war tägliche, schwere körperliche Arbeit Teil des Trainings für Boxer, Ringer, Gewichtheber und Bodybuilder. Heute arbeiten die meisten Menschen hauptsächlich im Sitzen, evtl. noch im stehen. Dementsprechend schwächer sind die meisten Leute heute.

Querbeet

Periodisierung

Nun hat der Autor ja hinreichend darauf hingewiesen, das keines der in diesem Buch beschriebenen Trainingsmethoden bzw. -systeme, auf Dauer wirkt. Oder, sollte eines doch auf Dauer erfolge bringen, dann hauptsächlich in einem Bereich. Dies bedeutet, man baut zwar immer weiter Kraft auf, aber der Muskelzuwachs lässt zu wünschen, oder das umgekehrte Szenario, Muskelzuwachs ohne Kraft, tritt ein. Allgemein jedoch, kann man sagen, in jedem System kommt es irgendwann zur Stagnation.
Das Mittel um diesen demotivierenden Zustand zu vermeiden, heißt Abwechslung.
Man könnte beispielsweise, einfach sämtliche Trainingssysteme, die in diesem Büchlein beschrieben werden, jeweils solange trainieren, bis man stagniert. Sinnvoller wäre es allerdings, jedes nur über einen begrenzten Zeitraum zu nutzen, sagen wir drei bis sechs Wochen.
Jetzt sind manche der Programme besser zum Kraftaufbau geeignet, andere wiederum lassen schneller Muskeln wachsen. Manche sind besser für Zeiten mit hohem Stress und vollem Terminkalender geeignet, andere wiederum für Zeiten mit viel Freizeit. Dies führt uns zu einem Grundproblem, das da heißt: Wann verwendet man welches System, für wie lange?
Eine knifflige Frage. Da muß man erstmal unterscheiden, ob das primäre Ziel A) maximaler Muskelzuwachs ist, oder B) maximaler Kraftzuwachs ist. Oder will man eine gesunde Mischung aus beidem?
Jetzt unterteilt man entsprechend das Jahr. In Maxi-, Midi- und Miniphasen. Die Miniphase ist eine Trainingswoche bis vier Wochen. Die Midiphase ist vier bis zwölf Wochen. Die Maxiphase ist dementsprechend zwölf Wochen bis ein Jahr.

Hier werden jetzt drei verschiedene Jahrespläne als Beispiele für alle drei oben genannte Ziele vorgeschlagen. Die Pläne sind nur ein grobes, sehr grobes Beispiel, die jeder auf seine Bedürfnisse anpassen muß.

Bei allen drei Plänen wird angenommen das in der Zeit am Jahresende, durch höhere Arbeitslast, Infektanfälligkeit, Unlust o.ä. besser von geringerer Trainingslast geprägt sein sollten. Wenn bei Ihnen z.b. der Sommer nur wenig Zeit fürs Training bereithält, Sie aber im Winter über große Motivation und Zeitreserven verfügen, können Sie Ihre Pläne entsprechend ändern.

Kraft und Masse:

Monat 1-3:

Woche 1-3 & 7-9:
Volumenlastigeres Training, eher kraftorientiert. Z.B.: Staley, 5X5, Hepburn

Woche 4-6 & 10-12:
Volumenlastigers Training, Masseorientiert. Z.B.: Super Squats, Poliquin (höhere Wiederholungen)

Monat 4-6:

Woche 1-3 & 7-9:
Kraftorientiert: Staley, 5X5, Westside, Poliquin (niedrigere Wiederholungen)

Woche 4-6 & 10-12:
Masseorientiert: Poliquin (höhere Wiederholungen), Pof-Training, X-Reps

Monat 7-9:

Woche 1-3 & 7-9:
Kraft: 3X3, Westside

Woche 4-6 & 10-12:
Masse: 5x5, Hepburn, Poliquin (niedrige Wiederholungen)

Monat 10-12:

Woche 1-3 & 7-9:
Kraft: PittForce, Doggrapp, 3X3

Woche 4-6 & 10-12:
Masse: Heavy Duty, SuperSquats, BigJim

Masse:

Monat 1-3:

Woche 1-3 & 7-9:
Volumenlastigeres Training, eher kraftorientiert. Z.B.: Staley, 5X5, Hepburn

Woche 4-6 & 10-12:
Volumenlastigers Training, Masseorientiert. Z.B.: Super Squats, Poliquin (höhere Wiederholungen)

Monat 4-6:

Woche 1-3 & 7-9:
Kraftorientiert: Staley, 5X5, Poliquin (niedrigere Wiederholungen)

Woche 4-6 & 10-12:
Masseorientiert: Poliquin (höhere Wiederholungen), Pof-Training, X-Reps, German Volume Training

Monat 7-9:

Woche 1-3 & 7-9:
Kraft: Staley, 5X5, Poliquin (niedrigere Wiederholungen), Wellenreiten

Woche 4-6 & 10-12:
Masse: Poliquin (höhere Wiederholungen), Pof-Training, X-Reps, Leonidas, , German Volume Training

Monat 10-12:

Woche 1-3 & 7-9:
Kraft: PittForce, Doggrapp, 5X5, SuperSquats

Woche 4-6 & 10-12:
Masse: Heavy Duty, BigJim

Kraft:

Monat 1-3:

Woche 1-3 & 7-9:
Volumenlastigeres Training, eher kraftorientiert. Z.B.: Staley, 5X5, Hepburn

Woche 4-6 & 10-12:
Volumenlastigers Training, Masseorientiert. Z.B.: Super Squats, Poliquin (höhere Wiederholungen)

Monat 4-6:

Woche 1-3 & 7-9:
Kraftorientiert: 3X3, Westside

Woche 4-6 & 10-12:
Masseorientiert: 5X5 Poliquin (niedrigere Wiederholungen), Sheiko

Monat 7-9:

Woche 1-3 & 7-9:
Kraft: 3X3, Westside

Woche 4-6 & 10-12:
Masse: 5x5, Hepburn, Poliquin (niedrige Wiederholungen), Sheiko

Monat 10-12:

Woche 1-3 & 7-9:
Kraft: PittForce, 3X3

Woche 4-6 & 10-12:
Masse: SuperSquats, Doggrapp

Die angegebenen Beispiele, sind, wie eingangs erwähnt, sehr grob. Man könnte auch sagen, die Beispiele sind sub-optimal. Für die meisten von uns reicht das allerdings und erfüllt seinen Zweck. Man könnte es sogar noch einfacher machen: Drei bis vier Wochen arbeitet man mit höheren Wiederholungszahlen mit niedrigen Satzzahlen,

in den folgenden vier Wochen arbeitet man dann mit niedrigen Wiederholungen und höheren Satzzahlen.
Und wenn sich mehrere Wochen ankündigen, wo nicht soviel Zeit fürs Training vorhanden ist, greift man auf Trainingspläne zurück, die im Kapitel „Einsatztraining" und „Super Squats" beschrieben sind.
Periodisierung bedeutet im Eisensport also nichts anderes, als die sinnvolle Aneinanderreihung verschiedener Trainingsphasen und Systeme.
So ist es meines Wissens im Gewichtheben üblich, einen guten Teil des Jahres so gut wie kein Reißen und Stoßen zu trainieren (die beiden Wettkampfdisziplinen). Diese werden dann auf kurzes Techniktraining reduziert. Dafür werden lange Phasen mit allgemeinerem Krafttraining zugebracht, z.T. mit dem Ziel, die Muskelmasse zu erhöhen. Da werden dann Kniebeugen, Beinpressen, Kreuzheben, Bankdrücken genutzt. Ich habe von Wettkampf-Gewichthebern gelesen, die sechs Monate nur allgemeines Muskeltraining betreiben, drei Monate Techniktraining durchziehen: Gerade mal drei Monate dienem dem konkreten Wettkampftraining im Reißen und stoßen.

Sinnvolle Supplements

Gute Supplements?
Hm, gut was ist ein Supplement?
Was ist gut und sinnvoll?
Supplements sind im weitesten Sinne Nahrungsergänzungen.
Gut sind sie dann, wenn sie A) die Gesundheit nicht fördern, B) wirklich die Leistung steigern oder C) das Aussehen so verändern, wie wir es uns wünschen.
Natürlich sollte A) selbstverständlich sein. B) und C) ergänzen sich meist bzw. was wirklich die Leistung steigert, verändert auch das Aussehen.
Ein Wort vorneweg: In diesem Buch geht es ums Training. Es gibt bereits sehr gute und umfangreiche Literatur zum Thema Supplements. Ein paar in der Kraftsport-Experten-Szene unumstrittene Supplements möchte ich trotzdem kurz ansprechen.

Multivitamintabletten:
Die Grundlage aller Nahrungszusatzprodukte. Da eine Kraftsportdiät nun nicht immer gerade eine sogenannte ausgewogene Ernährung darstellt, sehr, sehr sinnvoll. Allen eventuell entstehenden Mangelerscheinungen wird vorgebeugt. Ein Mangel ist logischerweise eher kontraproduktiv wenn es um Muskelaufbau geht. Sinnvoll zusammengesetzte Präparate gibt es inzwischen günstig in jeder Drogerie. Ich rate zu den Tabletten, die alle Vitamine, Mineralien und Spurenelemente enthalten und nur einmal am Tag geschluckt werden müßen. Man kann gefahrlos auch eine dieser „Einmal-am-Tag"-Tabletten zum Frühstück und eine zum Abendessen nehmen. Die Dosierung ist so gewählt, das die Gefahr von Überdosierungen quasi nonexistent ist.
Die Brausetabletten sind wertlos.

Vitamin C:
Die billige Pulverform ist klasse. Eine Priese mehrmals am Tag ist gut für die Gelenke, hält freie Radikale im Schach und hilft Stresshormone zu entschärfen.

Vitamin E
Eine 400I.U. Kapsel aus der Drogerie wird Ihnen nicht schaden. Um eventuellen Überdosierungen vorzubeugen, empfehle ich einfach an ein bis zwei Tagen pro Woche auf die Vitamin E Kapsel zu verzichten.

Magnesium:
Kann helfen Krämpfe zu vermeiden. Es hat noch vieles mehr zu bieten und ihm werden noch viel mehr positive Wirkungen zugeschrieben. 200-600mg am Tag können schon sinnvoll sein.

Proteinpulver:
Das Brot-und-Butter Supplement. Ohne ausreichende Proteinzufuhr kein Muskelaufbau.
Gute Proteinpulver bestehen vor allem aus Molkeprotein und Casein. Ob dann noch Eiprotein oder pflanzliches Eiweiß beigemengt ist, ist eine Frage der persönlichen Vorliebe und des Geldbeutels. Es wird viel und oft mit dem hohen Gesundheitswert von Sojaprotein argumentiert. Quatsch. Für Männer ist es sogar mitunter Gesundheitsgefährdent. Weizenprotein, das auch gerne verwendet wird, ist auch problematisch, da es viele Getreideallergiker gibt. Weizenprotein ist der Hauptauslöser dieser Allergie.
Für die meisten von uns dürfte weder Soja- noch Weizenprotein ein Problem darstellen. Ich selbst nutze aufgrund des unschlagbaren Preises ein Eiweißpulver, das größtenteils aus Soja besteht.

Creatin
Die positiven Wirkungen sind hinreichend belegt. Die Hauptnebenwirkungen, die gelegentlich auftreten, sind Verdauungsstörungen oder eine verstärkte Krampfneigung. Vergessen Sie übrigens alle Kapselformen. Die wirksame Dosierung liegt zwischen fünf und ZWANZIG Gramm pro Tag. Mit Kapseln teuer, unangenehm und gefährlich. Gefährlich weil meist noch viele andere Wirkstoffe beigefügt sind.
Flüssige Formen sind wertlos. Creatin zerfällt innerhalb ca. sechs Stunden zu wertlosem Creatinin. Damit kann der Muskel nichts anfangen und für die Nieren kann es sogar gefährlich werden.

Ganz wichtig ist es, das es sich um Creatin-MONOHYDRAT handelt. Alle anderen Creatinformen sind nutzlos.

So, mehr schreibe ich hier nicht zu dem Thema Supplements.
Auch zum Thema Diät bzw. Ernährung schweige ich hier. Vielleicht schreibe ich ja zu diesen Themen ein weiteres Buch.

Doping?!?

Wir haben ja alle von der Tour der rollenden Apotheken (Tour de France) gehört.
Den älteren Semestern sagt vielleicht der Name Ben Johnsen noch etwas. Es gab da so einen blöden Joke: Wie heißt Ben Johnsens Freundin? Anna Bolika... Haha, wir haben uns jetzt alle vor Lachen bepisst.
Realität ist, das es kaum einen Sport gibt der nicht Doping unterwandert ist. Ja, inzwischen gehen sogar Abiturienten gedopt in Ihre Abiturprüfung. Ihr Doping sind Psychopharmaka und ADHS-Medikamente. Sportschützen dopen sich mit Betablockern, um eine ruhigere Hand zu haben.
Sie glauben dieses Phänomen gebe es nur im Spitzensport?
Guter Witz! Es wird mittlerweile auf Kreisklasse gedopt, was das Zeug hält.
Nun sehen längst nicht alle gedopten Sportler so aus, wie wir uns auszusehen wünschen. Tja, das liegt daran das Doping sportspezifisch erfolgt. Ein Radler dopt anders als ein Sprinter. Der dopt anders als ein Bodybuilder. Und die verwendeten Dosen sind auch sehr unterschiedlich. Im Kraftsport, speziell im Bodybuilding werden Anabolika in 10 bis 100-facher Dosis dessen angewendet, als sie ein Tour de France Fahrer benutzt. Dafür ist der Nutzen von EPO für Powerlifter und Bodybuilder eher gering.

Was spricht nun gegen Doping?
Ihre Gesundheit.
Schon mal was von Nebenwirkungen gehört? Hodenschrumpfung, Potenzstörungen, Herzvergrößerungen, Krebs, Prostataprobleme und der Nettigkeiten mehr. Achja, da gibt's noch eine Kleinigkeit: Tod.
Hmhm, ja.
Richtig gelesen. Es gibt Pathologen in Deutschland, die von sich sagen, jeden Monat mindesten einen toten Bodybuilder auf dem Tisch zu haben, der an den Folgen des Anabolikagebrauchs abgetreten ist.
Dazu kommt noch, das gutes Zeug teuer ist, und das Zeug vom Schwarzmarkt zum großen Teil aus China und Russland stammt.

Man weiß nie, mit was es gestreckt wurde.

Für Doping spricht ausschließlich der schnellere Aufbauerfolg und die Möglichkeit, weiter zu kommen als es einem von Natur aus möglich wäre.

Um gleich mal vorzubauen: Ich bin weder für noch gegen Doping. Es muß jeder mit sich selbst ausmachen, was er riskiert.
De Fakto habe ich selbst ein sehr starkes Medikament (Testosteron) in recht derber Dosierung (mehr als 1000mg pro Woche) benützt.
Außer genau drei Pickeln am Rücken hatte ich nichts davon.
Keine Nebenwirkung und auch keine Wirkung.
Ja wohl. Ich habe dadurch kein Gramm Muskeln aufgebaut und keine Kraftgewinne gehabt. Und das Zeug stammte aus einer dt. Apotheke, also kein Fake vom Schwarzmarkt.
Keine Wirkung. Nada. Njente.
Oder doch: Ich mußte viel mehr fressen, um nicht an Muskelmasse EINZUBÜSSEN und auszubrennen. Nochmal, ich lief durch Doping Gefahr, Muskeln zu VERLIEREN!

Also, Sie müßen schon selbst entscheiden. Wenn Sie sich unsicher sind, dann sollten Sie davon die Finger lassen. So wie Sie sich auch nicht tätowieren lassen sollten, wenn Sie nicht sicher sind.

Noch ein Wort an die Jüngeren: **Vergesst es!**
Gutes, regelmäßiges Training und gutes Essen und alles geht voran. Ihr habt Doping gar nicht nötig, Euer Körper produziert bis etwa 25 massig eigene Anabolika. Es wäre sehr, sehr, sehr dumm, da einzugreifen. Außerdem würdet Ihr riskieren nicht mehr größer zu werden.

Jedem der es doch unbedingt riskieren/probieren will, sei geraten damit bis mindestens zum 22. zu warten. Da hat sich der Körpereigene Hormonhaushalt fertig reguliert und wachsen wird man dann auch nicht mehr. Und bevor man nicht mindestens ein bis zwei Jahre vernünftiges Training hinter sich hat, ist es sowieso Unsinn.

That's all Folks!

Keep on Pumpin´, keep strong.